Palavras-chave para conhecer a CHINA

A GOVERNANÇA DA CHINA

中国关键词：治国理政篇

新世界出版社 NEW WORLD PRESS
中国翻译研究院 China Academy of Translation
CIPG 中国国际出版集团 China International Publishing Group
FGV EDITORA

Direitos desta edição reservados à
EDITORA FGV
Rua Jornalista Orlando Dantas, 37
22231-010 | Rio de Janeiro, RJ | Brasil
Tels.: 0800-021-7777 | 21-3799-4427
Fax: 21-3799-4430
editora@fgv.br | pedidoseditora@fgv.br
www.fgv.br/editora

Impresso no Brasil / *Printed in Brazil*

1ª edição – 2019

Revisão: Sandra Frank
Editoração eletrônica: Abreu's System
Capa: Estúdio 513

Ficha catalográfica elaborada pela Biblioteca Mario Henrique Simonsen/FGV

Palavras-chave para conhecer a China : a governança da China / Bao Wuerjiang .[et al.] ; tradução e redação em língua portuguesa Guo Dan. –Rio de Janeiro : FGV Editora, 2019.
300 p.

Edição bilíngue.
Inclui bibliografia.
ISBN: 978-85-225-2191-3

1. Governança – China. 2. Administração pública – China. 3. China – Política e governo. I. Bao, Wuerjiang. II. Fundação Getulio Vargas.

CDD – 350

目录 · Sumário

前言

中共十八大以来，以习近平为主要代表的中国共产党人，在治国理政新的实践中，顺应时代发展，从理论和实践结合上系统回答了新时代坚持和发展什么样的中国特色社会主义、怎样坚持和发展中国特色社会主义这个重大时代课题，创立了习近平新时代中国特色社会主义思想。当前，国际社会有越来越多的人希望了解中国共产党人是怎样通过治国理政实践，使中国取得全方位、开创性的历史性成就，发生深层次、根本性的历史性变革，这些治国理政实践又为世界各国提供了哪些参考和借鉴，为解决人类问题贡献了哪些智慧和方案。

为了帮助国外受众更好地理解中国的治国理政实践，了解习近平新时代中国特色社会主义思想的发展脉络和主要内容，掌握这一重要思想的精神实质和丰富内涵，“中国关键词多语对外传播平台”组织策划了《中国关键词：治国理政篇》。“中国关键词多语对外传播平台”是中国外文出版发行事业局、当代中国与世界研究院和中国翻译研究院联合组织实施的国家重点项目，主要围绕习近平新时代中国特色社会主义思想，进行中文词条专题编写、解读以及多语种编译，通过平面、网络和移动社交平台等多媒体、多渠道、多形态及时持续对外发布，旨在以国外受众易于阅读和理解的方式，阐释中国理念和中国思想，解读中国政策和中国发展道路。

本篇以习近平新时代中国特色社会主义思想的核心内容为主轴，分为14个部分，选取121个关键词对当代中国治国理政实践进行解读。我们深知，治国理政是一个宏大的主题，很难用百余个词条将其讲清楚、讲完整、讲准确。再加上由于能力及时间所限，在中文词条选择和编写时，难免挂一漏万，表述也可能存在偏颇；外文译文表达也可能多有不足，仅供阅读参考，欢迎读者指正。

讲故事需要关键词，讲好中国故事需要中国关键词。让我们用“中国关键词”点击中国、沟通世界。

Prefácio

Desde o 18º Congresso Nacional do PCCh e na nova prática de governança do Estado, os comunistas chineses, tendo Xi Jinping como principal representante, têm atendido ao desenvolvimento da época, respondido sistematicamente, por meio da junção entre a teoria e a prática, ao importante tema da época: qual socialismo com características chinesas deve-se aplicar e desenvolver nessa nova era e como ele pode ser preservado e desenvolvido, formando assim o pensamento de Xi Jinping sobre o socialismo com características chinesas na nova era. Atualmente, um número cada vez maior de importantes figuras internacionais busca entender como os comunistas chineses conseguiram, por meio da prática de governança do Estado, conduzir a China a tal sucesso histórico e inovador nas mais diversas áreas e suas transformações históricas tão profundas e essenciais. Eles também têm buscado observar quais referências e experiências a prática de governança do Estado chinês pode oferecer ao restante dos países do mundo e quais sabedoria e iniciativa podem solucionar as questões que a humanidade enfrenta.

Para ajudar a comunidade internacional a entender bem a prática de governança da China, conhecer o desenvolvimento e o conteúdo principal do pensamento de Xi Jinping sobre o socialismo com características chinesas na nova era e dominar a essência ideológica e a conotação deste importante pensamento, a Plataforma Multilíngue Palavras-Chave para Conhecer a China organizou e redigiu o *Palavras--chave para conhecer a China: a governança da China*. A Plataforma Multilíngue Palavras-Chave para Conhecer a China é um importante projeto implementado pela Administração de Publicação em Línguas Estrangeiras da China em conjunto com a Academia Chinesa de Tradução e a Associação de Tradutores da China que visa apresentar, através de termos-chave, o pensamento de Xi Jinping sobre o socialismo com características chinesas na nova era, interpretando-os, traduzindo-os em várias línguas e publicando-os de maneira oportuna e contínua por diferentes canais e formas como versão física, *on-line* e plataformas móveis e multimídia, de modo a explicar à comunidade internacional, de maneira acessível e compreensível, os conceitos, pensamentos, políticas e o caminho do desenvolvimento chinês.

O presente livro tem como conteúdo principal o pensamento de Xi Jinping sobre o socialismo com características chinesas na nova era e elucida a prática de governança da China atual por meio de 121 termos divididos em 14 partes. Sabemos que a governança da China é um grande tema e que é muito difícil elucidá-lo de maneira plena e precisa por meio dos termos da presente publicação, de modo que ela se propõe a servir apenas como uma vitrine e referência.

Para contar a história, é preciso de palavras-chave, e para contar bem a história da China é necessário o Palavras-Chave para Conhecer a China. Acesse o *Palavras-Chave para Conhecer a China* para saber mais sobre a China e dialogar com o mundo.

一、以习近平新时代中国特色社会主义思想为指引，坚持和发展中国特色社会主义，实现中华民族伟大复兴的中国梦

I. Ter o pensamento de Xi Jinping sobre o socialismo com características chinesas na nova era como guia orientador, persistir e desenvolver o socialismo com características chinesas e concretizar o sonho chinês da grande revitalização da nação chinesa

习近平新时代中国特色社会主义思想

中共十八大以来，以习近平同志为核心的党中央在系统回答"新时代坚持和发展什么样的中国特色社会主义"这一重大时代课题中，提出一系列治国理政新理念新思想新战略，形成了习近平新时代中国特色社会主义思想。中共十九大概括和提出了习近平新时代中国特色社会主义思想，将其确立为党必须长期坚持的指导思想并写进党章，实现了党的指导思想的与时俱进。十三届全国人大一次会议通过的宪法修正案，郑重地把习近平新时代中国特色社会主义思想载入宪法，实现了从党的指导思想向国家指导思想的转化，实现了国家指导思想的与时俱进。

习近平新时代中国特色社会主义思想内涵十分丰富，包括新时代坚持和发展中国特色社会主义的总目标、总任务、总体布局、战略布局和发展方式、发展动力、战略步骤、外部条件、政治保证等方面的基本问题，并根据新的实践对经济、政治、法治、科技、文化、教育、民生、民族、宗教、社会、生态文明、国家安全、国防和军队、"一国两制"和祖国统一、统一战线、外交、党的建设等各方面作出理论分析和政策指导。习近平新时代中国特色社会主义思想的核心要义是坚持和发展中国特色社会主义，核心内容是中共十九大报告概括的"八个明确"、"十四个坚持"。"八个明确"、"十四个坚持"有机融合、有机统一，体现了解放思想、实事求是、与时俱进、求真务实的思想精髓，深刻回答了新时代党和国家事业发展的一系列重大理论和现实问题，深化了党对共产党执政规律、社会主义建设规律、人类社会发展规律的认识。

O pensamento de Xi Jinping sobre o socialismo com características chinesas na nova era

Desde o 18º Congresso Nacional do Partido Comunista da China (PCCh), ao responder sistematicamente à questão mais importante da nossa época "de qual socialismo com características chinesas se deve persistir e desenvolver na nova era", o Comitê Central do PCCh, com o camarada Xi Jinping como núcleo, formulou uma série de novos conceitos, novas ideias e novas estratégias sobre a governança da China, formando assim o pensamento de Xi Jinping sobre o socialismo com características chinesas na nova era. O 19º Congresso Nacional do PCCh apresentou resumidamente o pensamento de Xi Jinping sobre o socialismo com características chinesas na nova era, estabelecendo-o como o pensamento orientador no qual o PCCh ainda deve persistir por longo tempo e incluindo-o no Estatuto do PCCh, de modo a atualizar o pensamento orientador do Partido. O pensamento de Xi Jinping sobre o socialismo com características chinesas na nova era foi incluído também no projeto da Constituição aprovado na primeira sessão plenária da 13ª Assembleia Popular Nacional, tendo sido transformado de pensamento orientador do Partido para o pensamento orientador do Estado.

Com uma conotação muito rica, o pensamento de Xi Jinping sobre o socialismo com características chinesas na nova era abrange questões fundamentais, como o objetivo geral da persistência e desenvolvimento do socialismo com características chinesas, sua tarefa geral, sua disposição geral e sua disposição estratégica, assim como questões sobre a direção, o modelo e a força motriz do desenvolvimento, passos estratégicos a seguir, condições externas e garantia política. Segundo as novas práticas, o pensamento de Xi Jinping sobre o socialismo com características chinesas na nova era ofereceu análises teóricas e a orientação para as políticas sobre os trabalhos em diversas áreas, como economia, política, estado de direito, ciência e tecnologia, cultura, educação, vida do povo, etnia, religião, sociedade, ecocivilização, segurança nacional, defesa nacional e as Forças Armadas, princípio "um país, dois sistemas" e reunificação da pátria, frente única, diplomacia e a construção partidária. O núcleo do pensamento de Xi Jinping sobre o socialismo com características chinesas na nova era reside em persistir e desenvolver o socialismo com características chinesas, seu conteúdo nuclear reside em "oito aspectos expressamente definidos" e "em quatorze aspectos de persistência", resumidos no relatório do 19º Congresso Nacional do PCCh. Eles se combinam e se integram de maneira orgânica, revelando a ideia essencial de emancipar a mente, buscar a verdade nos fatos, avançar junto com a época e trabalhar de forma pragmática,

习近平新时代中国特色社会主义思想，是马克思主义中国化最新成果，是中国特色社会主义理论体系的重要组成部分，是党和人民实践经验和集体智慧的结晶，是中国精神的时代精华，是国家政治生活和社会生活的根本指针。习近平新时代中国特色社会主义思想是在新的时代背景和实践条件下创立并不断发展的，也正是由于这一思想的真理力量和实践伟力，开启和引领了中国特色社会主义的新时代、新发展。随着社会实践进一步生动展开、不断拓展，这一思想将持续发展、更加丰富、更加完善。

respondendo profundamente a importantes questões teóricas e práticas do desenvolvimento da causa do Partido e do Estado na nova era e aprofundando o entendimento do Partido sobre as regras de governança do Partido Comunista, da construção socialista e do desenvolvimento da sociedade humana.

O pensamento de Xi Jinping sobre o socialismo com características chinesas na nova era é o fruto mais recente da adaptação do marxismo com a prática chinesa, é parte importante do sistema teórico do socialismo com características chinesas, é a cristalização das experiências da prática e da sabedoria coletiva do Partido e do povo, é a essência do espírito chinês da época e é a diretriz fundamental da vida política e da vida social do Estado. O pensamento de Xi Jinping sobre o socialismo com características chinesas na nova era foi criado e desenvolvido sob o novo contexto histórico e sob condições práticas, sendo precisamente pelo seu poder de verdade e da prática que ele abriu uma nova era e liderou um novo desenvolvimento do socialismo com características chinesas. Com o desenrolar e a expansão mais dinâmicos das práticas sociais, o pensamento de Xi Jinping se desenvolverá, se enriquecerá e se aperfeiçoará ainda mais.

中国梦

2012年11月29日，习近平在参观《复兴之路》展览时发表讲话首次提出中国梦。他指出实现中华民族伟大复兴，就是中华民族近代以来最伟大的梦想。这个梦想，凝聚了几代中国人的夙愿，体现了中华民族和中国人民的整体利益，是每一个中华儿女的共同期盼。中国到 2021 年中国共产党成立一百年时全面建成小康社会，到2049年中华人民共和国成立一百年时建成富强民主文明和谐美丽的社会主义现代化强国，中华民族伟大复兴的梦想一定能实现。

中国梦视野宽广、内涵丰富、意蕴深远，其本质是实现国家富强、民族振兴、人民幸福。这个梦想既是国家的、民族的，也是每一个中国人的，归根到底是人民的梦。实现中国梦必须走中国道路，弘扬中国精神，凝聚中国力量。这个梦想是和平、发展、合作、共赢的梦，不仅造福中国人民，也同世界各国人民的美好梦想息息相通。

中国梦只有同中国人民对美好生活的向往结合起来才能取得成功。人民对美好生活的向往就是中国共产党的奋斗目标。实现中华民族伟大复兴的中国梦，这是以习近平同志为核心的党中央对全体人民的庄严承诺，是党和国家面向未来的政治宣言，充分体现了中国共产党高度的历史担当和使命追求，为新时代坚持和发展中国特色社会主义注入了崭新内涵。

O sonho chinês

O "sonho chinês" foi proposto pela primeira vez por Xi Jinping em 29 de novembro de 2012 no discurso proferido durante sua visita à exposição "O Caminho para a Revitalização". Ele assinalou que concretizar a grande revitalização da nação chinesa constitui o maior sonho da nação desde o início da época moderna. Este sonho encarna os desejos de gerações de chineses, demonstra os interesses gerais da nação chinesa e do povo chinês e representa a esperança comum de todos os filhos da nação. A China concluirá a construção de uma sociedade moderadamente próspera em todos os aspectos até o ano de 2021, centenário da fundação do PCCh, e se transformará em um país socialista modernizado, próspero, poderoso, democrático, civilizado, harmonioso e belo até o ano de 2049, centenário da fundação da República Popular da China, realizando assim o sonho da grande revitalização da nação chinesa.

Com visão ampla, conotação rica e significado profundo, o objetivo fundamental do sonho chinês é fazer prosperar o país, revigorar a nação e permitir que o povo viva feliz. O sonho chinês é o sonho da nação e de cada cidadão chinês. O sonho chinês é, sobretudo, o sonho do povo. Para realizar o sonho chinês, temos de seguir o caminho chinês, fomentar o espírito chinês e unir as forças chinesas. O sonho chinês é o sonho pela paz, pelo desenvolvimento, pela cooperação e pelo benefício mútuo, sendo benéfico não apenas para o povo chinês, mas também intimamente ligado aos belos sonhos de todos os povos do mundo.

O sonho chinês só será realizado com sucesso se estiver conectado com a expectativa do povo chinês por uma vida melhor. A expectativa do povo por uma vida melhor é a meta do Partido Comunista da China. A concretização do sonho da grande revitalização da nação chinesa é um compromisso feito pelo Comitê Central, com o camarada Xi Jinping como núcleo, para com todo o povo chinês, é um manifesto político feito pelo Partido e pelo Estado para o futuro que demonstra plenamente a grande responsabilidade histórica assumida pelo PCCh para com a missão a ele incumbida e injetando uma nova conotação para persistir e desenvolver o socialismo com características chinesas na nova era.

“两个一百年”奋斗目标

中共十八大描绘了中国全面建成小康社会、加快推进社会主义现代化的宏伟蓝图，提出“两个一百年”奋斗目标：到 2021年中国共产党成立一百年时全面建成小康社会，国内生产总值和城乡居民人均收入比 2010 年翻一番；到2049年中华人民共和国成立一百年时建成富强民主文明和谐的社会主义现代化国家，达到中等发达国家水平。这一目标，既是中华民族的宏伟目标，也把每个人、每个家庭、各方面群众的愿望和利益结合起来。这一奋斗目标将中国梦的蓝图和光明前景具体化，成为实现中国梦的基础。中共十八大以来的五年，中国党和国家事业发生历史性变革、取得历史性成就，中国特色社会主义进入新时代。中共十九大提出，从中共十九大到中共二十大，是“两个一百年”奋斗目标的历史交汇期。既要全面建成小康社会、实现第一个百年奋斗目标，又要乘势而上开启全面建设社会主义现代化国家新征程，向第二个百年奋斗目标迈进。

As metas dos "dois centenários"

O 18º Congresso Nacional do PCCh traçou um projeto magnífico de a China construir uma sociedade moderadamente próspera e acelerar a modernização do socialismo, tendo lançado o apelo para concretizar as metas dos "dois centenários", isto é, até o ano de 2021, centenário da fundação do PCCh, concluir a construção de uma sociedade moderadamente próspera em todos os aspectos, com o produto interno bruto (PIB) e a renda *per capita* da população urbana e rural duplicados em relação aos do ano de 2010; e até o ano de 2049, centenário da fundação da República Popular da China, transformá-la em um país socialista modernizado, próspero, democrático, civilizado e harmonioso para atingir o padrão dos países moderadamente desenvolvidos. As metas constituem o grande objetivo da nação chinesa, integrando a vontade e os interesses de cada pessoa, de cada família e de toda a população. As duas metas centenárias elucidam concretamente o grande projeto do sonho chinês e o futuro brilhante do país, servindo de base para a realização do sonho chinês. Nos cinco anos passados desde o 18º Congresso Nacional do PCCh, com grandes mudanças e conquistas históricas registradas na causa do Partido e do Estado, o socialismo com características chinesas entrou na nova era. No 19º Congresso Nacional do PCCh, foi proposto que o período entre o 19º e o 20º Congressos Nacionais é um período de confluência histórica de luta pelas duas metas centenárias, durante o qual devemos não apenas concluir a construção integral de uma sociedade moderadamente próspera e concretizar a meta de luta do primeiro centenário, como também aproveitar tal situação favorável para iniciar uma nova marcha para a construção integral de um país socialista modernizado, avançando para a meta de luta do segundo centenário.

中国特色社会主义进入新时代

改革开放之初，中国共产党发出了走自己的路、建设中国特色社会主义的伟大号召。经过长期努力，中国特色社会主义进入了新时代，这是中国发展新的历史方位。中共十九大做出这个重大政治判断，是一项关系全局的战略考量。中国特色社会主义进入新时代，意味着近代以来久经磨难的中华民族迎来了从站起来、富起来到强起来的伟大飞跃，迎来了实现中华民族伟大复兴的光明前景；意味着科学社会主义在二十一世纪的中国焕发出强大生机活力，在世界上高高举起了中国特色社会主义伟大旗帜；意味着中国特色社会主义道路、理论、制度、文化不断发展，拓展了发展中国家走向现代化的途径，给世界上那些既希望加快发展又希望保持自身独立性的国家和民族提供了全新选择，为解决人类问题贡献了中国智慧和中国方案。

这个新时代，是承前启后、继往开来，在新的历史条件下继续夺取中国特色社会主义伟大胜利的时代，是决胜全面建成小康社会、进而全面建设社会主义现代化强国的时代，是全国各族人民团结奋斗、不断创造美好生活、逐步实现全体人民共同富裕的时代，是全体中华儿女勠力同心、奋力实现中华民族伟大复兴中国梦的时代，是中国日益走近世界舞台中央、不断为人类作出更大贡献的时代。

O socialismo com características chinesas entrou na nova era

No início da reforma e da abertura, o PCCh lançou o grande apelo de seguir nosso próprio caminho e construir o socialismo com características chinesas. Depois de muitos anos de esforços, o socialismo com características chinesas entrou na nova era, o que configura a nova posição histórica do desenvolvimento da China. O fato de o 19º Congresso Nacional do PCCh chegar a essa relevante conclusão política constitui uma consideração estratégica que se relaciona com a situação global. A entrada do socialismo com características chinesas na nova era significa que a nação chinesa, que sofreu por muito tempo desde o início da época moderna, está celebrando o grande salto de se erguer, prosperar e se fortalecer, e está acolhendo o futuro brilhante da concretização da grande revitalização da nação. Significa também que o socialismo científico está lustrando a forte vitalidade da China no século XXI e que a grande bandeira do socialismo com características chinesas já está erguida no alto perante o mundo. Significa ainda que o caminho, a teoria, o sistema e a cultura do socialismo com características chinesas vêm se desenvolvendo constantemente, ampliando as chances de modernização para os países em desenvolvimento e oferecendo opções completamente novas para os países e nações que desejam acelerar seu desenvolvimento e manter sua independência, de modo a contribuir com a sabedoria e as iniciativas chinesas para resolver os problemas da humanidade.

Essa nova era é uma era para continuar avançando com a causa herdada dos nossos antecessores, abrir novos horizontes e, sob as novas condições históricas, lograr grandes vitórias com o socialismo com características chinesas. É uma era na qual se alcança a vitória definitiva de concluir a construção integral de uma sociedade moderadamente próspera, para depois construir de forma integral um poderoso país socialista modernizado. É uma era na qual o povo de todas as etnias do país se une e luta de maneira contínua por uma vida melhor e realiza, passo a passo, a prosperidade comum. É uma era onde todos os filhos da nação chinesa unem as suas forças e vontades com seus esforços para concretizar o sonho chinês da grande revitalização da nação chinesa. É uma era na qual a China se aproxima cada dia mais do centro do palco mundial e oferece, como sempre, contribuições para a humanidade.

新时代中国社会主要矛盾

中共十九大报告明确指出，中国特色社会主义进入新时代，社会主要矛盾已经转化为人民日益增长的美好生活需要和不平衡不充分的发展之间的矛盾。中国稳定解决了十几亿人的温饱问题，总体上实现小康，不久将全面建成小康社会，人民美好生活需要日益广泛，不仅对物质文化生活提出了更高要求，而且在民主、法治、公平、正义、安全、环境等方面的要求日益增长。同时，中国社会生产力水平总体上显著提高，社会生产能力在很多方面进入世界前列，更加突出的问题是发展不平衡不充分，已经成为满足人民日益增长的美好生活需要的主要制约因素。

中国社会主要矛盾的变化是关系全局的历史性变化，对党和国家工作提出了许多新要求。特别是要在继续推动发展的基础上，着力解决好发展不平衡不充分问题，大力提升发展质量和效益，更好满足人民在经济、政治、文化、社会、生态等方面日益增长的需要，更好推动人的全面发展、社会全面进步。

中国社会主要矛盾的变化，没有改变中国共产党对中国的社会主义所处历史阶段的判断，中国仍处于并将长期处于社会主义初级阶段的基本国情没有变，中国是世界最大发展中国家的国际地位没有变。中国共产党将牢牢把握社会主义初级阶段这个基本国情，牢牢立足社会主义初级阶段这个最大实际，牢牢坚持党的基本路线这个党和国家的生命线、人民的幸福线，领导和团结全国各族人民，为把中国建设成为富强民主文明和谐美丽的社会主义现代化强国而奋斗。

A principal contradição da sociedade chinesa na nova era

O relatório do 19º Congresso Nacional do PCCh assinalou que, com a entrada do socialismo com características chinesas na nova era, a principal contradição da sociedade chinesa é aquela entre as crescentes demandas do povo por uma vida melhor e o desenvolvimento desequilibrado e insuficiente. A China resolveu de forma geral o problema de habitação e alimentação para os mais de 1,3 bilhão de chineses que compõem sua população, concretizando basicamente uma sociedade moderadamente próspera. Dentro de pouco tempo, a China concluirá a construção de uma sociedade moderadamente próspera em todos os aspectos. As demandas do povo por uma vida melhor se tornam cada vez mais diversas, não só com necessidades cada dia mais crescentes na área cultural e material como também exigências cada vez mais crescentes sobre democracia, legalidade, equidade, justiça, segurança e meio ambiente. Ao mesmo tempo, o nível das forças produtivas sociais da China elevou-se substancialmente, e a capacidade produtiva social se tornou a ponta de lança mundial em muitos aspectos. O problema mais evidente reside no desenvolvimento desequilibrado e insuficiente, se tornando no principal fator restritivo para satisfazer as crescentes demandas do povo por uma vida melhor.

A mudança na principal contradição da sociedade chinesa é histórica e está relacionada com o contexto geral. Ela implica novas demandas para os trabalhos do Partido e do Estado e, especialmente, com a promoção do desenvolvimento, a necessidade de se empenhar na solução adequada do problema do desenvolvimento desequilibrado e insuficiente e na elevação da qualidade e eficácia do desenvolvimento, para satisfazer melhor as necessidades, cada dia mais crescentes, do povo nas áreas econômica, política, cultural, societária e ambiental, e para promover efetivamente o desenvolvimento integral da população e o progresso integral da sociedade.

A mudança da principal contradição da sociedade chinesa não altera o entendimento do PCCh sobre a fase histórica na qual o socialismo chinês se encontra e não altera a condição fundamental de que a China ainda se encontra e se encontrará por longo tempo na fase inicial do socialismo. Também não altera o *status* internacional da China como o maior país em desenvolvimento do mundo. O PCCh deve conhecer muito bem essa condição fundamental de que a China se encontra na fase inicial do socialismo, deve enfrentar firmemente essa realidade e persistir inabalavelmente na linha fundamental do Partido e do Estado e no bem-estar da população. O PCCh deve dirigir e unir o povo de todas as etnias do país para lutar bravamente para transformar a China em um poderoso país socialista modernizado, próspero, democrático, civilizado, harmonioso e belo.

中国共产党人的初心和使命

中国共产党人的初心和使命，就是为中国人民谋幸福，为中华民族谋复兴。这个初心和使命是激励中国共产党人不断前进的根本动力。

不忘初心，方得始终。近百年来，为了实现中华民族伟大复兴的历史使命，无论是弱小还是强大，无论是顺境还是逆境，中国共产党都初心不改、矢志不渝，团结带领人民历经千难万险，付出巨大牺牲，攻克了一个又一个看似不可攻克的难关，创造了一个又一个彪炳史册的人间奇迹。

A aspiração inicial e a missão histórica dos comunistas chineses

A aspiração inicial e a missão incumbida aos militantes do PCCh consistiam em levar a felicidade ao povo e realizar a revitalização da nação chinesa. Essa aspiração inicial e a missão incumbida têm sido a força motriz fundamental que estimula os comunistas chineses a avançarem sempre.

Apenas se mantivermos sempre em mente a aspiração inicial é que poderemos chegar ao fim desejado. Para cumprir a missão histórica da grande revitalização da nação chinesa, o PCCh vem persistindo durante os últimos 100 anos na aspiração inicial e no empenho constante, unindo e liderando o povo para enfrentar as dificuldades e vicissitudes com grandes sacrifícios, tendo superado, uma após outra, as dificuldades que pareciam insuperáveis e tendo criado milagres consecutivos que hoje são refletidos pela história.

"四个自信"

2016年7月1日，习近平在庆祝中国共产党成立95周年大会上的讲话中，在坚持中国特色社会主义"道路自信"、"理论自信"、"制度自信"基础上，增加了"文化自信"，从而形成了"四个自信"的表述。这一表述是对中国特色社会主义理论体系的丰富和创新。中国特色社会主义包含道路、理论、制度、文化不可或缺的内容。道路自信是对中国特色社会主义道路的方向和未来命运的自信；理论自信是对中国特色社会主义理论体系的科学性、真理性、正确性的自信；制度自信是对中国特色社会主义制度的先进性和优越性的自信；文化自信是对自身文化价值的充分肯定，是对中国文化生命力的坚定信念。"四个自信"是相辅相成、彼此互动、有机统一的整体，是中国特色社会主义的完整信念体系。其中，文化自信是更基础、更广泛、更深厚的自信，是一个国家、一个民族发展中更基本、更深沉、更持久的力量。在5000多年文明发展中孕育的中华优秀传统文化，在党领导人民在革命、建设、改革中创造的革命文化和社会主义先进文化，积淀着中华民族最深层的精神追求，代表着中华民族独特的精神标识。坚定中国特色社会主义道路自信、理论自信、制度自信、文化自信，不断夺取中国特色社会主义新胜利，是当代中国共产党人伟大的使命。

"Quatro convicções"

Em discurso proferido no dia primeiro de julho de 2016 por ocasião da celebração do 95º aniversário do PCCh, Xi Jinping acrescentou a "convicção na cultura" à convicção no caminho, na teoria e no sistema, anteriormente apresentada por ele, formando assim a expressão "quatro convicções". A expressão "quatro convicções" enriqueceu e inovou o sistema teórico do socialismo com características chinesas. O socialismo com características chinesas contém elementos indispensáveis sobre o caminho, teoria, sistema e cultura. A convicção no caminho refere-se à confiança na direção do desenvolvimento e no futuro do caminho do socialismo com caraterísticas chinesas; a convicção na teoria refere-se à confiança na ciência, na verdade e na confiança no sistema teórico do socialismo com caraterísticas chinesas; a convicção no sistema refere-se à confiança no caráter de vanguarda e superioridade do sistema do socialismo com caraterísticas chinesas; a convicção na cultura refere-se ao pleno reconhecimento do valor da própria cultura chinesa e na firme confiança na vitalidade da própria cultura chinesa. As "quatro convicções" são um conceito integral de convicção no socialismo com caraterísticas chinesas que se complementam e interagem. Entre as quatro convicções, a convicção na cultura é a confiança mais básica, ampla e profunda, e a força mais fundamental, profunda e duradoura no desenvolvimento de um Estado e de uma nação. A magnífica cultura tradicional chinesa, desenvolvida no decorrer do progresso da civilização por mais de cinco mil anos, a cultura revolucionária e a cultura socialista avançada, criadas na revolução, construção e na reforma pelo povo dirigido pelo Partido, refletem a persistência espiritual da nação chinesa e representam o símbolo espiritual particular da nação. Para lograr novas vitórias ao socialismo com características chinesas, a grande missão dos comunistas chineses é persistir na convicção do caminho, teoria, sistema e cultura.

以人民为中心的发展思想

人民是历史的创造者，是决定党和国家前途命运的根本力量。人民立场是中国共产党的根本政治立场，是马克思主义政党区别于其他政党的显著标志。为人民谋幸福，是中国共产党人的初心。带领人民创造幸福生活，是中国共产党始终不渝的奋斗目标。中共十九大报告指出，必须坚持以人民为中心的发展思想，不断促进人的全面发展、全体人民共同富裕。以人民为中心的发展思想体现在经济社会发展各个环节。践行以人民为中心的发展思想，必须坚持人民主体地位，顺应人民群众对美好生活的向往，不断实现好、维护好、发展好最广大人民根本利益，做到发展为了人民、发展依靠人民、发展成果由人民共享；通过深化改革、创新驱动，提高经济发展质量和效益，生产出更多更好的物质精神产品，不断满足人民日益增长的美好生活需要；全面调动人的积极性、主动性、创造性，为各行业各方面的劳动者、企业家、创新人才、各级干部创造发挥作用的舞台和环境；坚持社会主义基本经济制度和分配制度，调整收入分配格局，完善以税收、社会保障、转移支付等为主要手段的再分配调节机制，维护社会公平正义，解决好收入差距问题，使发展成果更多更公平惠及全体人民。以人民为中心的发展思想，体现了中国共产党全心全意为人民服务的根本宗旨，体现了人民是推动发展的根本力量的唯物史观，体现了逐步实现共同富裕的目标要求，彰显了人民至上的价值取向。

O pensamento do desenvolvimento centrado no povo

O povo é o criador da história e a força fundamental que determina o futuro e o destino do Partido e do país. A posição central do povo constitui a posição política fundamental do PCCh e o sinal evidente dos partidos políticos marxistas, diferenciando-os dos outros partidos. Buscar que o povo seja feliz constitui a aspiração inicial dos comunistas chineses. Conduzir o povo para que ele tenha uma vida feliz constitui a meta inabalável do PCCh. No relatório do 19º Congresso Nacional do PCCh, foi realçado que é preciso persistir no pensamento do desenvolvimento centrado no povo e promover o desenvolvimento humano em todos os aspectos e a prosperidade comum de todo o povo. O pensamento de desenvolvimento centrado no povo é refletido em todos os aspectos do desenvolvimento socioeconômico. Para pôr em prática esse pensamento, é preciso persistir na posição protagonista do povo, atender às expectativas do povo por uma vida melhor, procurar concretizar, defender e desenvolver bem seus interesses fundamentais para que esse desenvolvimento seja pelo povo, apoiado no povo e com resultados compartilhados pelo povo. É preciso, por meio de reformas profundas e inovações, elevar a qualidade e eficiência do desenvolvimento econômico e criar novos produtos materiais e espirituais, de modo a atender às necessidades cada dia mais crescentes da população por uma vida melhor. É preciso mobilizar o entusiasmo, a iniciativa e a criatividade do povo e fornecer plataformas e ambientes para todos os trabalhadores, empresários, inovadores e quadros de todos os níveis para um melhor desempenho das suas capacidades e funções. É preciso persistir no sistema econômico socialista básico e no sistema de distribuição, reajustar as estruturas de distribuição de renda, aprimorar o mecanismo regulador de redistribuição por meio de impostos, seguridade social e transferência de renda, de modo a manter a equidade e a justiça social, e diminuir a diferença de renda para que todo o povo seja beneficiado de maneira mais justa pelos resultados do desenvolvimento. O pensamento do desenvolvimento centrado no povo demonstra o objetivo fundamental do PCCh de servi-lo de todo o coração, representa o materialismo histórico de o povo ser a força essencial para promover o desenvolvimento, expõe os objetivos e demandas para concretizar passo a passo a prosperidade comum e realça a orientação de o povo estar acima de tudo.

党对一切工作的领导

中国共产党的领导地位，是历史的选择，人民的选择，是由中国国体性质决定的，是由中国宪法明文规定的。中国共产党的领导是中国特色社会主义最本质的特征，是中国特色社会主义制度的最大优势。中共十九大把“坚持党对一切工作的领导”作为新时代坚持和发展中国特色社会主义基本方略的第一条，明确提出，党政军民学，东西南北中，党是领导一切的。坚持党对一切工作的领导，必须增强政治意识、大局意识、核心意识、看齐意识，自觉维护中央权威和集中统一领导，自觉在思想上政治上行动上同中央保持高度一致，完善坚持党的领导的体制机制，坚持稳中求进工作总基调，统筹推进“五位一体”总体布局，协调推进“四个全面”战略布局，提高党把方向、谋大局、定政策、促改革的能力和定力，确保党始终总揽全局、协调各方。

Liderança do Partido em todos os trabalhos

A posição de liderança do PCCh foi uma opção da história e do povo, sendo determinada pela natureza do Estado da China e prevista explicitamente na Constituição do país. A liderança do PCCh constitui o caráter mais fundamental do socialismo com características chinesas e a maior superioridade do sistema desse socialismo. O 19º Congresso Nacional do PCCh colocou "persistir na liderança do Partido em todos os trabalhos" no primeiro plano das estratégias fundamentais para persistir e desenvolver o socialismo com características chinesas na nova era, tendo sublinhado que o Partido dirige todos os trabalhos partidários, políticos, militares, civis e educacionais em todo o país, de norte a sul e de leste a oeste. Para persistir na liderança do Partido sobre todos os trabalhos, é preciso reforçar as consciências sobre a política, sobre os interesses globais, sobre o núcleo da direção e sobre o alinhamento; defender conscientemente a autoridade central e a liderança centralizada e unificada; manter-se em unanimidade com a autoridade central do Partido tanto nos aspectos ideológico e político como nas ações; persistir plenamente nos sistemas e mecanismos da liderança do Partido; persistir na tônica geral do trabalho de buscar progressos com a estabilidade, promover de maneira coordenada a disposição geral "cinco em um" e a disposição estratégica "quatro integrais". É preciso elevar a capacidade e a força determinante do Partido na definição da direção, no controle da situação global, na elaboração de políticas e na promoção da reforma, a fim de assegurar que o Partido possa sempre dominar a situação global e coordenar todas as partes.

二、统筹推进“五位一体”总体布局，协调推进“四个全面”战略布局

II. Promover de maneira integral a disposição geral “cinco em um” e promover de maneira coordenada a disposição estratégica “quatro integrais”

"五位一体"总体布局

2012年11月8日，中共十八大提出经济建设、政治建设、文化建设、社会建设、生态文明建设"五位一体"的建设中国特色社会主义总体布局。即在坚持以经济建设为中心的同时，全面推进经济建设、政治建设、文化建设、社会建设、生态文明建设，促进现代化建设各个环节、各个方面协调发展。"五位一体"总体布局和"四个全面"战略布局相互促进、彼此联动，旨在以推动经济发展为基础，统筹建设社会主义市场经济、民主政治、先进文化、生态文明、和谐社会，协同推进人民富裕、国家强盛、中国美丽。"五位一体"总体布局的提出，体现了中国共产党对协调发展的规律性认识不断深化，对中国特色社会主义的规律性认识不断深化。

Disposição geral "cinco em um"

O 18º Congresso Nacional do PCCh apresentou, em 8 de novembro de 2012, a disposição geral "cinco em um" da construção do socialismo com características chinesas, que reside no desenvolvimento coordenado entre a construção da economia, política, cultura, sociedade e civilização ecológica. Ou seja, ao persistir na construção econômica como tarefa central, deve-se impulsionar a construção das cinco áreas supramencionadas, promovendo o desenvolvimento coordenado entre todos os elos e todos os aspectos da realização da modernização.

Com base na promoção do desenvolvimento econômico, a disposição geral "cinco em um" e a disposição estratégica "quatro integrais" se apoiam mutuamente e funcionam de maneira coordenada, visando, com base na promoção do desenvolvimento econômico, construir a economia socialista de mercado, a política democrática, a cultura avançada, a civilização ecológica e a sociedade harmoniosa, de modo a fomentar o enriquecimento do povo, a prosperidade do país e a construção de uma China bela. O lançamento da disposição geral "cinco em um" reflete o conhecimento cada vez mais profundo do PCCh sobre as regras do desenvolvimento coordenado e as regras do socialismo com características chinesas.

新发展理念

发展是解决中国一切问题的基础和关键，是当代中国的第一要务。中共十八大以来，在深刻总结国内外发展经验教训、分析国内外发展大势的基础上，针对中国发展中的突出矛盾和问题，习近平提出了创新、协调、绿色、开放、共享的新发展理念。创新是引领发展的第一动力，协调是持续健康发展的内在要求，绿色是永续发展的必要条件，开放是国家繁荣发展的必由之路，共享是中国特色社会主义的本质要求。创新、协调、绿色、开放、共享的发展理念，相互贯通、相互促进，是具有内在联系的集合体，必须统一贯彻，不能顾此失彼，也不能相互替代。中共十九大把坚持新发展理念作为新时代坚持和发展中国特色社会主义的基本方略。提出发展必须是科学发展，必须坚定不移贯彻创新、协调、绿色、开放、共享的发展理念。新发展理念集中体现了中国共产党对新的发展阶段基本特征的深刻洞察和科学把握，标志着中国共产党对经济社会发展规律的认识达到了新的高度，是中国经济社会发展必须长期坚持的重要遵循。

Novos conceitos de desenvolvimento

O desenvolvimento constitui a base e a chave para resolver todos os problemas da China e é a principal prioridade da China atual. Desde o 18º Congresso Nacional do PCCh, depois de ter resumido as experiências e lições do desenvolvimento interno e externo e analisado as circunstâncias internas e externas do desenvolvimento, e em face às contradições e problemas evidentes surgidos no desenvolvimento chinês, Xi Jinping formulou os novos conceitos de desenvolvimento inovador, coordenado, verde, aberto e compartilhado. A inovação é a força motriz primária do desenvolvimento, a coordenação é a demanda inerente para o desenvolvimento sustentável e saudável, verde é a condição indispensável para o desenvolvimento contínuo, abertura é a via inevitável para o país prosperar e desenvolver, e compartilhamento é uma demanda essencial do socialismo com características chinesas. Os novos conceitos de desenvolvimento inovador, coordenado, verde, aberto e compartilhado estão intimamente conectados, apoiados uns nos outros, sendo uma conjuntura internamente ligada. Por isso, eles devem ser implementados de maneira integrada em vez de se implementar um e descuidar do outro, e não podem ser substituídos uns pelos outros. O 19º Congresso Nacional do PCCh considerou os novos conceitos de desenvolvimento como a estratégia fundamental para persistir e desenvolver o socialismo com características chinesas na nova era, sublinhando que o desenvolvimento deve ser científico. É preciso aplicar de maneira inabalável os conceitos de desenvolvimento inovador, coordenado, verde, aberto e compartilhado. Os novos conceitos de desenvolvimento demonstram o entendimento profundo e o domínio científico do PCCh sobre as características básicas da nova fase de desenvolvimento, marcam o novo nível de conhecimento do PCCh sobre as regras do desenvolvimento socioeconômico sendo, por isso, importante persistir e observá-los por longo tempo no processo de desenvolvimento.

人民当家作主

在中国，国家的一切权力属于人民。正因如此，"坚持人民当家作主"成为新时代坚持和发展中国特色社会主义基本方略之一。中共十九大报告强调，坚持党的领导、人民当家作主、依法治国有机统一是社会主义政治发展的必然要求。必须坚持中国特色社会主义政治发展道路，坚持和完善人民代表大会制度、中国共产党领导的多党合作和政治协商制度、民族区域自治制度、基层群众自治制度，巩固和发展最广泛的爱国统一战线，发展社会主义协商民主，健全民主制度，丰富民主形式，拓宽民主渠道，把保证人民当家作主落实到国家政治生活和社会生活之中。"坚持人民当家作主"彰显了中国的社会主义民主是维护人民根本利益的最广泛、最真实、最管用的民主。发展社会主义民主政治，就是要体现人民意志、保障人民权益、激发人民创造活力，用制度体系保证人民当家作主。

Posição do povo como dono do país

Na China, todos os poderes do Estado pertencem ao povo. Foi por isso que "persistir na posição do povo como dono do país" se tornou uma das estratégias fundamentais para seguir e desenvolver o socialismo com características chinesas na nova era. No relatório do 19º Congresso Nacional do PCCh, foi realçado que persistir na integração orgânica entre a liderança do Partido, na posição do povo como dono do país e na administração do país conforme a lei constitui um requisito indispensável para o desenvolvimento político socialista. É preciso seguir o caminho do desenvolvimento político do socialismo com características chinesas, persistir e aprimorar o sistema de assembleias populares, o sistema de cooperação multipartidária e de consulta política sob a liderança do PCCh, o sistema de autonomia étnica regional e o sistema de administração autônoma das unidades populares de base. É preciso consolidar e desenvolver a mais ampla frente única patriótica, desenvolver a democracia consultiva socialista, aprimorar o sistema democrático, diversificar suas formas e vias, bem como garantir a posição do povo como dono do país na vida política e social do país.

"Persistir na posição do povo como dono do país" demonstra plenamente que a democracia socialista chinesa é a democracia mais ampla, mais autêntica e mais efetiva, que salvaguarda os interesses fundamentais do povo. Desenvolver a política da democracia socialista implica suprir as necessidades do povo, garantir seus direitos e interesses, incentivar seu entusiasmo e criatividade e assegurar, com o sistema institucional, sua posição como dono do país.

社会主义核心价值体系

2006年10月召开的中共十六届六中全会提出建设社会主义核心价值体系，并指出社会主义核心价值体系包括四个方面的基本内容：马克思主义指导思想、中国特色社会主义共同理想、以爱国主义为核心的民族精神和以改革创新为核心的时代精神及社会主义荣辱观。在新时代，坚持社会主义核心价值体系表现为，坚持马克思主义，牢固树立共产主义远大理想和中国特色社会主义共同理想，培育和践行社会主义核心价值观，不断增强意识形态领域主导权和话语权，推动中华优秀传统文化创造性转化、创新性发展，继承革命文化，发展社会主义先进文化，不忘本来、吸收外来、面向未来，更好构筑中国精神、中国价值、中国力量，为人民提供精神指引。

Sistema de valores-chave do socialismo

Na 6ª sessão plenária do 16º Comitê Central do PCCh, realizada em outubro de 2006, foi solicitada a construção do sistema de valores-chave do socialismo, tendo-se assinalado os seguintes quatro aspectos fundamentais desse sistema: (1) o pensamento orientador do marxismo, (2) o ideal comum do socialismo com características chinesas, (3) o espírito nacional com o patriotismo como núcleo e o espírito da época com a reforma e a inovação como núcleo e (4) o conceito de honra e desonra socialista. Para persistir no sistema de valores-chave do socialismo na nova era é preciso persistir no marxismo, ter solidamente em mente o grande ideal do comunismo e o ideal comum do socialismo com características chinesas, cultivar e praticar os valores-chave do socialismo, bem como reforçar constantemente a iniciativa e o poder de voz na área ideológica. É preciso promover a transformação criativa e o desenvolvimento inovador da excelente cultura tradicional chinesa, herdar a cultura revolucionária e desenvolver a avançada cultura socialista. É preciso assimilar os frutos positivos estrangeiros sem nos esquecermos da nossa própria cultura, encarar o futuro, bem como construir melhor o espírito, as forças e os valores chineses, de modo a oferecer orientação espiritual ao povo.

在发展中保障和改善民生

增进民生福祉是发展的根本目的。当代中国共产党人治国理政的出发点和落脚点，就是多谋民生之利、多解民生之忧，在发展中补齐民生短板、促进社会公平正义，在幼有所育、学有所教、劳有所得、病有所医、老有所养、住有所居、弱有所扶上不断取得新进展，深入开展脱贫攻坚，保证全体人民在共建共享发展中有更多获得感，不断促进人的全面发展、全体人民共同富裕。同时，通过建设平安中国，加强和创新社会治理，维护社会和谐稳定，确保国家长治久安、人民安居乐业。

Garantia e melhora de vida do povo no processo de desenvolvimento

A melhora do bem-estar do povo constitui o objetivo fundamental do desenvolvimento. O ponto de partida e os pontos finais perseguidos pelos comunistas chineses atuais na governança do Estado consistem em buscar mais benefícios para o povo e aliviar as preocupações dele; remediar as lacunas do bem-estar do povo e promover a equidade e a justiça social no processo de desenvolvimento; e obter progressos sucessivos para que todas as crianças sejam adequadamente criadas e educadas, todos os alunos recebam educação escolar, todos os vulneráveis sejam assistidos e que todas as pessoas tenham a oportunidade de trabalhar e ser remuneradas pelo seu trabalho, desfrutar de assistência médica, de habitação e amparo na velhice. É preciso impulsionar fortemente a batalha final na erradicação da pobreza, garantir que toda a população se sinta mais beneficiada pelo desenvolvimento baseado na construção conjunta e no compartilhamento dos frutos, assim como promover o desenvolvimento integral da população e a prosperidade comum de todo o povo. Ao mesmo tempo, por meio da construção de uma China com segurança e paz, é preciso reforçar e inovar a governança social e salvaguardar a harmonia e a estabilidade social, bem como garantir paz e estabilidade duradouras ao país e uma vida digna ao povo.

人与自然和谐共生

建设生态文明是中华民族永续发展的千年大计。因此，“坚持人与自然的和谐共生”成为新时代坚持和发展中国特色社会主义基本方略之一。中共十九大报告强调，必须树立和践行绿水青山就是金山银山的理念，坚持节约资源和保护环境的基本国策，像对待生命一样对待生态环境；统筹山水林田湖草系统治理，实行最严格的生态环境保护制度，形成绿色发展方式和生活方式；坚定走生产发展、生活富裕、生态良好的文明发展道路，建设美丽中国，为人民创造良好生产生活环境，为全球生态安全作出贡献。

Coexistência harmoniosa entre o homem e a natureza

A construção da ecocivilização constitui um projeto milenar para o desenvolvimento perpétuo da nação chinesa. Por isso, "persistir na coexistência harmoniosa entre o homem e a natureza" tornou-se uma das estratégias fundamentais para se persistir e desenvolver o socialismo com características chinesas na nova era. No relatório do 19º Congresso Nacional do PCCh, foi salientado que é preciso cultivar e praticar o conceito de que as águas limpas e os montes verdes são montanhas de ouro e prata, persistir na política nacional fundamental relativa à economia de recursos e à proteção ambiental e em cuidar do meio ambiente da mesma forma como se cuida da vida. É preciso coordenar a gestão e o tratamento sistemático das montanhas, águas, florestas, terras cultiváveis, lagos e pradarias, implementar um sistema mais rigoroso de proteção do meio ambiente e tornar verdes o modelo de desenvolvimento e o modo de vida. É preciso seguir com firmeza o caminho do desenvolvimento civilizado caracterizado pela produção desenvolvida, vida próspera e bom meio ambiente, construir uma China bela, criar um ambiente favorável à produção e à vida da população e contribuir para a segurança ecológica global.

"四个全面"战略布局

2014年12月，习近平在江苏省调研时，首次将全面建成小康社会、全面深化改革、全面依法治国、全面从严治党这"四个全面"并提。2015年2月，习近平在中央党校省部级主要领导干部研讨班开班式上，明确肯定"四个全面"是"战略布局"，并且第一次用"战略布局"这个词来概括中共十八大以来党中央治国理政的总体框架。"四个全面"战略布局是从中国发展现实需要中得出来的，是从人民群众的热切期待中得出来的，是为推动解决中国面临的突出矛盾和问题提出来的，适应了中国现实发展的需要。"四个全面"战略布局，既有战略目标又有战略举措，每一个"全面"都蕴含着重大战略意义，相互之间密切联系、有机统一，具有紧密的内在逻辑，是一个整体战略部署的有序展开，共同支撑起中国特色社会主义事业全局。全面建成小康社会是重大战略目标，在"四个全面"战略布局中居于引领地位。全面深化改革、全面依法治国、全面从严治党是三大战略举措，为如期全面建成小康社会提供重要保障，三大战略举措对实现全面建成小康社会战略目标一个都不能缺。"四个全面"战略布局，是中国共产党在新形势下治国理政的总方略，是事关党和国家长远发展的总战略，为实现"两个一百年"奋斗目标、实现中华民族伟大复兴的中国梦提供了重要保障。

Disposição estratégica "quatro integrais"

Em dezembro de 2014, durante sua visita de inspeção à província de Jiangsu, Xi Jinping formulou pela primeira vez a tese sobre a construção integral de uma sociedade moderadamente próspera, aprofundamento integral da reforma, administração integral do país conforme a lei e administração integral e rigorosa do Partido, conhecida como "quatro integrais". Em fevereiro de 2015, na abertura de um seminário temático realizado na Escola do Partido do Comitê Central do PCCh para os principais quadros dirigentes em nível provincial e ministerial, Xi Jinping expressou claramente que a tese "quatro integrais" é uma "disposição estratégica", termo este apresentado pela primeira vez para descrever o quadro global da governança do país pelo Comitê Central do Partido desde o 18º Congresso Nacional do PCCh. A disposição estratégica "quatro integrais" atende às necessidades concretas do desenvolvimento da China e corresponde às expectativas do povo, tendo como objetivo solucionar as contradições e problemas evidentes que o país enfrenta, atendendo por isso às necessidades do desenvolvimento real da China. A disposição estratégica "quatro integrais", com metas e medidas estratégicas, reveste-se de grande significado estratégico em todas as áreas, enquanto as quatro áreas específicas estão interligadas estreitamente e coordenadas organicamente, desenvolvendo-se de maneira ordenada dentro da disposição estratégica geral e apoiando conjuntamente a causa do socialismo com características chinesas.

Como uma importante meta estratégica, a construção integral de uma sociedade moderadamente próspera desempenha o papel orientador na disposição estratégica "quatro integrais", enquanto o aprofundamento integral da reforma, administração integral do país conforme a lei e administração integral e rigorosa do Partido como as três medidas estratégicas constituem importantes garantias para se alcançar a tempo a meta supramencionada. As três medidas estratégicas são indispensáveis para alcançar a meta estratégica da construção integral de uma sociedade moderadamente próspera. A disposição estratégica "quatro integrais" define a meta e as medidas estratégicas dos trabalhos do PCCh e do país sob a nova condição histórica. Como uma disposição geral do Partido na administração do país e uma estratégia geral que se relaciona com o desenvolvimento do Partido e do país por um longo período, ela fornece garantias importantes para a concretização das "duas metas centenárias" e a concretização do sonho chinês da grande revitalização da nação.

全面建成小康社会

小康社会是中华民族自古以来追求的理想社会状态。改革开放之初，邓小平首先用“小康”来诠释中国式现代化，明确提出到20世纪末“在中国建立一个小康社会”的奋斗目标。在全党全国各族人民共同努力下，邓小平提出的目标在20世纪末如期实现，人民生活总体上达到小康水平。在这个基础上，中共十六大提出本世纪头20年全面建设惠及十几亿人口的更高水平的小康社会的目标。中共十七大提出全面建设小康社会的新要求。中共十八大对全面建设小康社会目标进行了充实和完善，将“全面建设小康社会”调整为“全面建成小康社会”。全面建成小康社会，“小康”讲的是发展水平，“全面”讲的是发展的平衡性、协调性、可持续性。全面建成小康社会，最艰巨最繁重的任务在农村、特别是在贫困地区，最根本最紧迫的任务还是进一步解放和发展社会生产力。中共十八届五中全会明确提出，确保到2020年中国现行标准下农村贫困人口全部脱贫。中共十九大报告指出，从现在到2020年，是全面建成小康社会决胜期。全面建成小康社会的奋斗目标，是中国共产党向人民、向历史作出的庄严承诺，是13亿多中国人民的共同期盼。这个宏伟目标，是“两个一百年”奋斗目标中的第一个，是中华民族伟大复兴征程上的重要里程碑，是实现中华民族伟大复兴的重要基础、关键一步。今天为全面建成小康社会而奋斗，就是在为实现民族复兴而奋斗。

Construção integral de uma sociedade moderadamente próspera

Desde os seus primórdios, uma sociedade moderadamente próspera é o desejo da nação chinesa como uma sociedade ideal. No início da reforma e abertura, Deng Xiaoping usou a expressão "vida moderadamente próspera" para interpretar o significado da modernização chinesa, formulando de maneira clara a meta da "construção de uma sociedade moderadamente próspera" até o final do século XX. Com os esforços conjuntos do Partido e do povo chinês de todas as etnias, a meta traçada por Deng Xiaoping foi alcançada já no final daquele século, tendo a vida do povo, no geral, atingido um padrão moderadamente próspero. Com base nisso, o 16º Congresso Nacional do PCCh apresentou a meta da conclusão de uma sociedade moderadamente próspera em todos os aspectos nos primeiros 20 anos do século XXI, visando beneficiar mais de um bilhão de pessoas. O 17º Congresso Nacional do PCCh apresentou novas demandas para esse fim. O 18º Congresso Nacional do PCCh enriqueceu e completou a meta, isto é, o termo "construção integral de uma sociedade moderadamente próspera" passou a ser "concretização integral de uma sociedade moderadamente próspera". Na expressão "concretização integral de uma sociedade moderadamente próspera", "moderadamente próspera" refere-se ao nível de desenvolvimento, enquanto "integral" refere-se ao desenvolvimento equilibrado, coordenado e sustentável. Na concretização integral, as tarefas mais importantes e difíceis ocorrem nas zonas rurais, especialmente nas regiões mais pobres, onde a concretização dessa sociedade moderadamente próspera ainda é dura e pesada, sendo a libertação e o desenvolvimento da força produtiva social as tarefas mais essenciais e urgentes.

Na 5ª sessão plenária do 18º Comitê Central do PCCh, foi proposta a erradicação da pobreza nas zonas rurais até 2020, seguindo-se o atual critério de pobreza. No relatório do 19º Congresso Nacional do PCCh, foi realçado que o período entre 2017 e o ano 2020 é o período para se alcançar a vitória definitiva da construção integral de uma sociedade moderadamente próspera. A meta de concluir a construção integral da supracitada sociedade é uma promessa solene feita pelo Partido ao povo e à história e uma esperança comum dos mais de 1,3 bilhão de chineses. Esta meta magnífica é a primeira das "duas metas centenárias", é um marco importante na marcha para a grande revitalização da nação chinesa, e é a importante base e o passo-chave para a concretização da grande revitalização da nação chinesa. A luta travada hoje pela concretização integral de uma sociedade moderadamente próspera é a luta pela concretização da grande revitalização da nação chinesa.

全面深化改革

2013年11月召开的中共十八届三中全会审议通过了《中共中央关于全面深化改革若干重大问题的决定》，对全面深化改革作出总部署、总动员，勾画了到2020年全面深化改革的时间表、路线图。全面深化改革的总目标是：完善和发展中国特色社会主义制度，推进国家治理体系和治理能力现代化。全面深化改革要把握好坚持和发展中国特色社会主义的根本政治方向，坚决破除一切不合时宜的思想观念和体制机制弊端，突破利益固化的藩篱，吸收人类文明有益成果，构建系统完备、科学规范、运行有效的制度体系，充分发挥社会主义制度优越性。全面深化改革要坚持以问题为导向，坚持以法治思维和法治方式推进，坚持改革的系统性、整体性、协同性，坚持顶层设计与基层探索的良性互动。它不是推进一个领域改革，也不是推进几个领域改革，而是涉及经济、政治、文化、社会、生态文明、国防和军队以及对外开放等所有领域改革；它不是单靠某一个或某几个部门，而是需要协调各方；它不是阶段性任务，而是需要一代又一代人接力干下去。中国共产党推进全面深化改革的根本目的，就是要解放和发展社会生产力，促进社会公平正义，让改革发展成果更多更公平惠及全体人民。

Aprofundamento integral da reforma

A 3ª sessão plenária do 18º Comitê Central do PCCh, realizada em novembro de 2013, aprovou e promulgou o documento "Resoluções do Comitê Central do PCCh sobre algumas importantes questões relacionadas ao aprofundamento integral da reforma", no qual foi apresentada a disposição geral e feita uma plena mobilização para o aprofundamento integral da reforma, traçando assim o cronograma e mapa para a sua concretização até 2020. Os objetivos gerais do aprofundamento integral da reforma são melhorar e desenvolver o sistema socialista com características chinesas e modernizar o sistema e a capacidade de governança do Estado. Para o aprofundamento integral da reforma, é preciso seguir a direção fundamental de persistir e desenvolver o socialismo com características chinesas; é preciso remover todos os obstáculos e deficiências referentes aos conceitos e ideologias defasadas e anacrônicas inerentes aos sistemas e mecanismos, romper as barreiras dos interesses, absorver as experiências e aproveitar os frutos proveitosos acumulados pela civilização humana, estabelecer sistemas e mecanismos sistematicamente completos, cientificamente regulados e eficientemente funcionais e desenvolver plenamente a superioridade do sistema socialista. Para o aprofundamento integral da reforma, é preciso priorizar a solução dos problemas conforme a lei e segundo métodos legais e persistir na reforma de maneira sistemática, global e coordenada, bem como persistir na boa interação efetiva entre o planejamento pelas instâncias superiores e realidades e atuações das entidades de base. O aprofundamento integral da reforma não será restrito apenas à reforma em um setor, nem em vários, mas visa promover as reformas em todos os aspectos da economia, política, cultura, sociedade, ecocivilização, defesa nacional, Forças Armadas e abertura ao exterior. A reforma não poderá ser feita apenas por um ou alguns departamentos, mas depende da coordenação entre todos os departamentos e instituições. A reforma não é uma tarefa temporária, mas é um trabalho que deve ser levado adiante de geração em geração. O objetivo fundamental do PCCh no aprofundamento integral da reforma consiste em libertar e desenvolver as forças produtivas sociais, promover a equidade e a justiça social, para que os resultados da reforma e do desenvolvimento beneficiem todo o povo e as massas populares se sintam cada dia mais beneficiadas.

全面依法治国

2014年10月召开的中共十八届四中全会作出了“全面推进依法治国”的重大部署。全面依法治国是中国特色社会主义的本质要求和重要保障。中国要完成好改革发展稳定的任务，要应对好矛盾风险挑战，需要比以往任何时候都更加注重运用法治思维和法治方式开展工作、解决问题，更好发挥法治的引领和规范作用。全面依法治国的总目标是：建设中国特色社会主义法治体系，建设社会主义法治国家。实现这一目标，需要形成完备的法律规范体系、高效的法治实施体系、严密的法治监督体系、有力的法治保障体系，以及完善的党内法规体系。在全面推进依法治国进程中，必须坚持依法治国、依法执政、依法行政共同推进，坚持法治国家、法治政府、法治社会一体建设，实现科学立法、严格执法、公正司法、全民守法；必须紧紧围绕保障和促进社会公平正义来进行，努力让人民群众在每一个司法案件中都能感受到公平正义；必须把党的领导贯彻落实到依法治国全过程和各方面，坚定不移走中国特色社会主义法治道路。全面依法治国是一个系统工程，是国家治理领域一场广泛而深刻的革命。

Administração integral do país conforme a lei

Na 4ª sessão plenária do 18º Comitê Central do PCCh, realizada em outubro de 2014, foi promulgada a importante disposição de "promover a administração integral do país conforme a lei". A administração integral do país conforme a lei é a importante garantia e requisito indispensável para a persistência e o desenvolvimento do socialismo com caraterísticas chinesas. Para a China cumprir melhor suas tarefas de reforma, desenvolvimento e estabilidade, e enfrentar bem as contradições, os riscos e os desafios, é preciso desenvolver os trabalhos e resolver os problemas pensando e agindo sempre conforme a lei, para que a legalidade desempenhe melhor seu papel orientador e regulador.

A "administração integral do país conforme a lei" tem como objetivo geral a construção do sistema de legalidade socialista com características chinesas e do estado de direito socialista. Para tal, é necessário formar os sistemas de regulamentação jurídica, aplicação eficiente do direito, supervisão rigorosa da aplicação das leis, garantia estrita da legalidade e aperfeiçoamento do sistema regulamentador dentro do Partido. No supracitado processo de promoção, é preciso persistir na promoção conjunta da administração do Estado, da governança e do exercício dos poderes públicos conforme a lei e persistir na construção integral da sociedade, do governo e do estado de direito, com a realização da legislação científica, aplicação rigorosa da lei, imparcialidade do Judiciário e respeito à lei por todos. É preciso realizar a administração integral do país conforme a lei centrando-se na proteção e promoção da equidade e da justiça social para que o povo sinta a imparcialidade e a justiça no julgamento de cada caso. É preciso aplicar o princípio da liderança do Partido em todo o processo e em todos os aspectos da administração do país conforme a lei e seguir inabalavelmente o caminho do estado de direito socialista com características chinesas. A administração integral conforme a lei constitui um projeto sistemático e uma revolução ampla e profunda na área da governança do Estado.

全面从严治党

2014年12月，习近平在江苏考察时，提出了“全面从严治党”的新要求，把管党治党提到前所未有的新高度。办好中国的事情，关键在党，关键在党要管党、从严治党。勇于自我革命，从严管党治党，是中国共产党最鲜明的品格。全面从严治党，核心是加强党的领导，基础在全面，关键在严，要害在治。“全面”就是管全党、治全党，面向八千多万党员、四百多万个党组织，覆盖党的建设各个领域、各个部门，并从思想从严、管党从严、执纪从严、治吏从严、作风从严、反腐从严六项要求入手，把全面从严治党落实到思想建设、组织建设、作风建设、反腐倡廉建设、制度建设等各个方面。“从严”就是真管真严、敢管敢严、长管长严。“治党”就是从中央到省市县党委，从中央部委、国家机关部门党组（党委）到基层党支部，都肩负起主体责任，党委书记把抓好党建当作分内之事、必须担当的职责；各级纪委担负起监督责任，勇于执纪问责。从严治党最根本的目的就是使全党各级组织和全体党员、干部按照党内政治生活准则和党的各项规定办事。全面从严治党，必须坚持思想建党和制度治党紧密结合，在重点抓住“关键少数”的同时，全方位扎紧制度笼子，更多用制度治党、管权、治吏。把全面从严治党纳入“四个全面”战略布局，是新的历史条件下中国共产党应对世情国情党情变化的必然选择。全面从严治党永远在路上。

Administração integral e rigorosa do Partido

Em dezembro de 2014, durante sua visita de inspeção à província de Jiangsu, Xi Jinping apresentou o novo conceito de "administração integral e rigorosa do Partido", elevando a administração e a governança do Partido a um novo patamar. Para tratar bem os assuntos da China, a questão essencial é a liderança do Partido, isto é, o Partido deve administrar bem o Partido com disciplina rigorosa. Ousar fazer a autorrevolução e ser rigoroso na administração rigorosa do Partido é o caráter mais distintivo do Partido Comunista da China. Para administrar rigorosamente o Partido, a questão fundamental é reforçar a liderança do PCCh, ou seja, uma liderança completa e rigorosa com gestão muito eficiente. A "administração integral" significa a administração e a governança rigorosa de todo o Partido com mais de 80 milhões de militantes de mais de quatro milhões de células de base que abrangem todas as áreas, todos os aspectos e todos os departamentos da construção do Partido em seis aspectos: pensamento, gestão, inspeção disciplinar, administração dos funcionários de alto escalão, conduta do Partido e combate à corrupção, para que ela seja implementada de fato nas construções ideológica, organizacional e institucional, no estilo de trabalho e em seus trabalhos de combate à corrupção. O termo "rigorosa" refere-se a uma administração de longo prazo do Partido que seja verdadeira, severa, destemida e rigorosa. A "administração do Partido" significa que o Comitê Central do Partido e os comitês em níveis distrital, municipal e provincial e os órgãos do Partido dos ministérios e departamentos governamentais, bem como as células de base devem assumir as responsabilidades principais. Seus secretários devem ter a construção do Partido como seu próprio trabalho e assumir as devidas responsabilidades. As comissões de inspeção disciplinar de todos os níveis do Partido devem assumir as responsabilidades de supervisão, exercer suas funções disciplinares e responsabilizar os infratores. O objetivo fundamental da administração rigorosa do Partido reside em fazer todas as organizações e todos os militantes e quadros do Partido trabalharem conforme as normas e as regras estabelecidas no seio do Partido. Para a administração integral e rigorosa do Partido, também é preciso persistir na integração estreita entre a construção ideológica e a construção institucional e, além da administração dos quadros dirigentes, considerados como "poucos mas com as funções mais importantes" (minoria-chave), trancar a "jaula institucional" de todos os lados, usando mais as normas institucionais nos aspectos de administração do Partido, controle do poder e gestão dos funcionários de alto escalão. A inclusão da "administração integral e rigorosa do Partido" na disposição estratégica "quatro integrais" constitui uma escolha inevitável do Partido face às mudanças das situações partidária, nacional e mundial na nova situação histórica. A administração integral e rigorosa do Partido é uma causa em constante andamento.

三、决胜全面建成小康社会，开启全面建设社会主义现代化国家新征程

III. Assegurar o triunfo definitivo na concretização de uma sociedade moderadamente próspera em todos os aspectos e avançar rumo à construção integral de um país socialista modernizado

全面建成小康社会新的目标要求

在中共十六大、十七大确立的全面建设小康社会目标的基础上，中共十八大提出了到2020年全面建成小康社会的宏伟目标。“十三五”规划进一步明确了全面建成小康社会新的目标要求，具体包括：坚持发展是第一要务，以提高发展质量和效益为中心，全面深化改革；经济保持中高速增长、产业迈向中高端水平，实现到2020年国内生产总值和城乡居民人均收入比2010年翻一番；人民生活水平和质量普遍提高，“十三五”期间基本完成棚户区改造任务，到2020年现行标准下的贫困人口实现脱贫，贫困县全部摘帽，解决区域性整体贫困；人民文明素质和社会文明程度显著提高，到2020年基本建成公共文化服务体系；生态环境质量总体改善，推动形成绿色发展方式和生活方式；依靠改革开放推动制度改革，到2020年使国家治理体系和治理能力现代化取得重大进展，各领域基础性制度体系基本形成，各方面制度更加成熟更加定型。

Novas metas e exigências para concluir a construção de uma sociedade moderadamente próspera em todos os aspectos

Com base nas metas estabelecidas pelos 16º e 17º Congressos Nacionis do PCCh para a concretização de uma sociedade moderadamente próspera, o 18º Congresso Nacional do PCCh estabeleceu a magnífica meta de concluir a construção de uma sociedade moderadamente próspera em todos os aspectos até 2020. O 13º Plano Quinquenal estabelece expressamente as novas metas e exigências para concluir a construção de uma sociedade moderadamente próspera em todos os aspectos: persistir na prioridade de desenvolvimento e ter a melhora da qualidade e a eficiência do desenvolvimento como centro para aprofundar integralmente a reforma; manter o crescimento econômico a um ritmo médio/alto e avançar a indústria para um nível médio/alto para que, até o ano de 2020, o produto interno bruto (PIB) e a renda *per capita* da população urbana e rural sejam duplicados em relação aos do ano de 2010; elevar o nível e a qualidade de vida do povo para, no período do 13º Plano Quinquenal, serem basicamente cumpridas as tarefas de reurbanização das áreas residenciais em condições indignas de se viver e cumprir, prioritariamente até 2020, a tarefa de erradicar a pobreza nas áreas definidas segundo o critério atual de pobreza, enquanto os distritos atualmente classificados como pobres deixem de sê-lo, ou seja, erradicando-se integralmente a pobreza de região para região; melhorar notavelmente a qualidade cívica e o nível de civilidade social para estruturar basicamente um sistema de serviços públicos culturais até 2020; melhorar a qualidade do meio ambiente e tornar verdes o modelo de desenvolvimento e o modo de vida; apoiar a reforma e abertura para promover a reforma institucional e, até 2020, obter grandes progressos na modernização do sistema e da capacidade de governança do Estado, de modo a estruturar os sistemas básicos e, ao mesmo tempo, tornar os sistemas, nos diversos domínios, mais maduros e bem definidos.

新时代中国特色社会主义发展战略安排

从中共十九大到二十大，是中国“两个一百年”奋斗目标的历史交汇期。中共十九大报告提出，既要全面建成小康社会、实现第一个百年奋斗目标，又要乘势而上开启全面建设社会主义现代化国家新征程，向第二个百年奋斗目标迈进。中共十九大综合分析国际国内形势和中国发展条件，提出从二〇二〇年到本世纪中叶可以分两个阶段来安排。

第一个阶段，从二〇二〇年到二〇三五年，在全面建成小康社会的基础上，再奋斗十五年，基本实现社会主义现代化。到那时，中国经济实力、科技实力将大幅跃升，跻身创新型国家前列；人民平等参与、平等发展权利得到充分保障，法治国家、法治政府、法治社会基本建成，各方面制度更加完善，国家治理体系和治理能力现代化基本实现；社会文明程度达到新的高度，国家文化软实力显著增强，中华文化影响更加广泛深入；人民生活更为宽裕，中等收入群体比例明显提高，城乡区域发展差距和居民生活水平差距显著缩小，基本公共服务均等化基本实现，全体人民共同富裕迈出坚实步伐；现代社会治理格局基本形成，社会充满活力又和谐有序；生态环境根本好转，美丽中国目标基本实现。

第二个阶段，从二〇三五年到本世纪中叶，在基本实现现代化的基础上，再奋斗十五年，把中国建成富强民主文明和谐美丽的社会主义现代化强国。到那时，中国物质文明、政治文明、精神文明、社会文明、生态文明将全面提升，实现国家治理体系和治理能力现代化，成为综合国力和国际影响力领先的国家，全体人民共同富裕基本实现，中国人民将享有更加幸福安康的生活，中华民族将以更加昂扬的姿态屹立于世界民族之林。

Arranjo estratégico para o desenvolvimento do socialismo com características chinesas na nova era

O período entre o 19º e o 20º Congressos Nacionais do PCCh é um período de confluência histórica da realização das metas fixadas para os "dois centenários". No relatório do 19º Congresso Nacional do PCCh, foi realçado que por um lado é preciso concluir a construção integral de uma sociedade moderadamente próspera e realizar a meta do primeiro centenário; por outro lado, é preciso aproveitar a boa situação atual para iniciar a nova marcha da construção integral de um país socialista moderno e avançar para cumprir a meta do segundo centenário. O 19º Congresso Nacional do PCCh analisou de maneira completa as situações interna e externa e as condições para o desenvolvimento da China, formulando o programa de duas fases entre 2020 até meados do presente século.

Na primeira fase, que vai de 2020 a 2035, na base da concretização integral de uma sociedade moderadamente próspera, lutaremos mais 15 anos para concretizar basicamente a modernização socialista. Até lá, a China terá conseguido o aumento substancial dos poderes econômico, científico e tecnológico e ficará entre os países que mais inovam. O povo terá plenamente garantidos seus direitos à participação e a seu desenvolvimento pessoal em pé de igualdade. Será fundamentalmente concluída a construção de um Estado, governo e sociedade regidos pela lei, enquanto os diversos sistemas terão sido aperfeiçoados e a modernização do sistema e da capacidade de governança do Estado será realizada basicamente. O nível da civilização social atingirá um novo patamar, o poder brando cultural do país será elevado de forma notável e a cultura chinesa exercerá influências mais amplas e profundas. A vida do povo será mais confortável, a porcentagem da população de renda média será elevada, a disparidade no desenvolvimento entre a cidade e o campo e entre regiões, bem como no nível de vida dos *habitats*, será consideravelmente diminuída. Ao mesmo tempo, a equidade no acesso aos serviços públicos básicos será basicamente realizada, dando assim passos firmes para a prosperidade comum de todo o povo. Uma estrutura de governança social moderna será formada basicamente, a sociedade estará com plena vitalidade, harmonia e ordem, o meio ambiente será melhorado radicalmente e a meta de construir uma China bela será realizada de forma fundamental.

Na segunda fase, que começará em 2035 e seguirá até meados deste século, no alicerce da concretização básica da modernização, lutaremos por mais outros 15 anos para transformar a China em um poderoso país socialista modernizado, próspero, democrático, civilizado, harmonioso e belo. Até lá, a China elevará inte-

从全面建成小康社会到基本实现现代化，再到全面建成社会主义现代化强国，是新时代中国特色社会主义发展的战略安排。

gralmente seu nível de civilização material, política, espiritual, social e ecológica, e concretizará a modernização do sistema e da capacidade de governança, de modo a se tornar um país avançado tanto no poderio integral do país como na sua influência internacional. Todo o povo desfrutará basicamente de uma prosperidade comum e de uma vida mais feliz, segura e saudável, de modo que a nação chinesa permanecerá entre as nações mais fortes e mais dinâmicas do mundo.

Eis o arranjo estratégico para o desenvolvimento do socialismo com características chinesas na nova era, que avança da construção integral de uma sociedade moderadamente próspera para a concretização da modernização e, em seguida, para a concretização integral da construção de um poderoso país modernizado.

科教兴国战略

1995年5月，中共中央、国务院召开全国科学技术大会，决定在全国实施科教兴国战略。20多年来，“九五”计划、2010年远景目标等一系列重大决策部署不断赋予“科教兴国”新的时代内涵。中共十九大报告更是将科教兴国战略确定为决胜全面建成小康社会需要坚定实施的七大战略之一。科教兴国战略就是在“科学技术是第一生产力”思想的指导下，坚持教育为本，把科技和教育摆在经济社会发展的重要位置，增强国家的科技实力和科学技术向现实生产力转化的能力，提高科技对经济的贡献率，提高全民族的科技文化素质，把经济建设转移到依靠科技进步和提高劳动者素质的轨道上来，加速实现国家的繁荣昌盛。

科教兴国战略，基础在教育，关键在科技。实施科教兴国战略，必须充分发挥科技和教育在兴国中的基础作用，必须深化科技和教育体制改革，促进科技、教育同经济相结合。科技工作必须自觉面向经济建设主战场，将攻克国民经济发展中迫切需要解决的关键问题作为主要任务；教育工作要面向现代化、面向世界、面向未来，通过优化教育结构，改革教育体制，合理配置资源，提高教育质量和办学效益，使教育与经济紧密结合起来。

Estratégia de prosperar o país pela ciência e educação

Em maio de 1995, o Comitê Central do PCCh e o Conselho de Estado promoveram a Conferência Nacional de Ciência e Tecnologia, na qual decidiu-se implementar em escala nacional a estratégia de fazer prosperar o país por meio da ciência e da educação. Ao longo de mais de 20 anos, uma série de decisões e disposições importantes, tais como o "Nono Plano Quinquenal" e o Esquema para o Objetivo de Longo Alcance até o Ano de 2010, têm lhe atribuído novas conotações. O relatório do 19º Congresso Nacional do Partido Comunista da China definiu a estratégia de fazer prosperar o país por meio da ciência e educação como uma das sete principais estratégias a serem implementadas na batalha final pela construção integral de uma sociedade moderadamente próspera. A estratégia de prosperar o país por meio da ciência e educação significa, sob a orientação da tese de que "ciência e tecnologia são a primeira força produtiva", persistir na educação como base, colocar a ciência, a tecnologia e a educação na importante posição do desenvolvimento socioeconômico, aumentar o poderio científico e tecnológico bem como a capacidade de transformar as ciências e a tecnologia na força produtiva real, elevar a taxa de contribuição da ciência e tecnologia para a economia, melhorar a qualidade científica, tecnológica e cultural de toda a nação e deixar a construção econômica apoiar-se principalmente no progresso científico e tecnológico e na elevação da qualidade dos trabalhadores, a fim de acelerar a prosperidade do país.

Na estratégia de fazer prosperar o país pela ciência e educação, a base reside na educação e a chave na ciência e tecnologia. Para implementar essa estratégia, deve-se pôr em plena função o papel fundamental desempenhado pela educação e pelas ciências e tecnologia no processo de prosperidade do país, aprofundar a reforma do sistema científico, tecnológico e educacional, e promover a conexão da ciência, tecnologia e educação com a economia. Os trabalhos científicos e tecnológicos devem encarar a construção econômica como o principal campo de batalha e resolver os problemas-chave existentes no desenvolvimento da economia nacional como sua principal tarefa. Os trabalhos educacionais devem encarar a modernização, o mundo e o futuro, aprimorar a estrutura educacional, reformar o sistema educacional, distribuir racionalmente os recursos, elevar a qualidade e eficiência da educação para que a educação se relacione estreitamente com a economia.

人才强国战略

2002年5月，中共中央下发《2002-2005年全国人才队伍建设规划纲要》，提出实施人才强国战略。2007年，人才强国战略作为发展中国特色社会主义的三大基本战略之一写入《中国共产党党章》和中共十七大报告；2017年，中共十九大报告将人才强国战略确定为决胜全面建成小康社会需要坚定实施的七大战略之一。

人才强国与科教兴国相辅相成，不可分割。人才强国战略的核心是人才兴国，工作重心是建设人才资源强国，充分发挥人才的作用。中共十九大报告提出，实行更加积极、更加开放、更加有效的人才政策，以识才的慧眼、爱才的诚意、用才的胆识、容才的雅量、聚才的良方，把党内和党外、国内和国外各方面优秀人才聚集到党和人民的伟大奋斗中来，鼓励引导人才向边远地区、边疆民族地区、革命老区和基层一线流动，努力形成人人渴望成才、人人努力成才、人人皆可成才、人人尽展其才的良好局面，让各类人才的创造活力竞相迸发、聪明才智充分涌流。作为国家发展战略，人才强国战略与国家发展的战略目标高度一致，将为实现全面建成小康社会和实现中华民族伟大复兴的中国梦提供人才保证和智力支持。

Estratégia de fortalecer o país com talentos

Em maio de 2002, o Comitê Central do PCCh emitiu o "Programa Nacional da Construção do Contingente de Talentos 2002-2005", apresentando a estratégia de fortalecer o país com talentos. Em 2007, como uma das três estratégias fundamentais do desenvolvimento do socialismo com características chinesas, tal estratégia foi incluída no Estatuto do Partido Comunista da China e no relatório do 17º Congresso Nacional do Partido. Em 2017, essa estratégia foi definida, no relatório do 19º Congresso Nacional do Partido, como uma das sete estratégias para travar a batalha final pela construção integral de uma sociedade moderadamente próspera.

Fortalecer o país com talentos e fazer prosperar o país pela ciência e educação funcionam paralelamente e se complementam. A estratégia de fortalecer o país com talentos tem como núcleo fazer prosperar o país com talentos, e tem como prioridade construir um país poderoso com recursos humanos qualificados, pondo em plena função o desempenho de talentos.

O relatório do 19º Congresso Nacional do Partido formulou a necessidade de adotar políticas mais ativas, abertas e eficientes para os talentos, com perspicácia para identificá-los, sinceridade para apreciá-los, coragem de empregá-los, generosidade ao lidar com eles e bons meios para atraí-los, de modo a reunir excelentes talentos em todos os setores, tanto dentro como fora do Partido e do país, para participarem na grande luta do Partido e do povo, além de encorajá-los e conduzi-los para trabalharem nas zonas remotas, nas zonas fronteiriças habitadas por minorias étnicas, nas antigas zonas de base revolucionária e nas entidades de base. É preciso que nos esforcemos para criar uma boa atmosfera na qual todos desejam ser talentos, empenham-se em se formar como talentos e têm oportunidades de ser qualificados e revelados, a fim de incentivar plenamente a criatividade e sabedoria dos talentos em todos os setores. Como uma estratégia do desenvolvimento nacional, a estratégia de fortalecer o país com talentos, correspondente aos objetivos da estratégia de desenvolvimento nacional, será uma garantia de recursos humanos e um suporte intelectual para a construção integral de uma sociedade moderadamente próspera e para a concretização do "sonho chinês" da grande revitalização da nação chinesa.

创新驱动发展战略

2012年11月召开的中共十八大作出了实施创新驱动发展战略的重大部署。创新始终是推动一个国家、一个民族向前发展的重要力量。中国是一个发展中大国，正在大力推进经济发展方式转变和经济结构调整，努力实施创新驱动发展战略。2016年3月，“十三五”规划明确提出“深入实施创新驱动发展战略” 。2016年5月，中共中央、国务院印发《国家创新驱动发展战略纲要》。2017年，中共十九大报告将创新趋动发展战略确定为决胜全面建成小康社会需要坚定实施的七大战略之一。中国实施创新驱动发展战略，就是要推动以科技创新为核心的全面创新，坚持需求导向和产业化方向，坚持企业在创新中的主体地位，发挥市场在资源配置中的决定性作用和社会主义制度优势，增强科技进步对经济增长的贡献度，形成新的增长动力源泉，推动经济持续健康发展。实施创新驱动发展战略最为紧迫的任务是要进一步解放思想，加快科技体制改革步伐，破除一切束缚创新驱动发展的观念和体制机制障碍。实施创新驱动发展战略是一项系统工程，涉及方方面面的工作，主要措施包括：营造激励创新的公平竞争环境，建立技术创新市场导向机制，强化金融创新的功能，完善成果转化激励政策，构建更加高效的科研体系，创新培养、用好和吸引人才机制，推动形成深度融合的开放创新局面等等。中国将力争到2020年，基本形成适应创新驱动发展要求的制度环境和政策法律体系，为进入创新型国家行列提供有力保障。

Estratégia de desenvolvimento impulsionado pela inovação

O 18º Congresso Nacional do PCCh, realizado em novembro de 2012, tomou a importante decisão de implementar a estratégia de desenvolvimento impulsionado pela inovação. A inovação é a força vital para o desenvolvimento de um país e de uma nação. Sendo um grande país em desenvolvimento, a China está impulsionando a transformação do modelo de crescimento econômico e o ajuste da estrutura econômica, empenhando-se para executar bem a estratégia de desenvolvimento impulsionado pela inovação. Em março de 2016, a "Implementação da Estratégia de Desenvolvimento Impulsionado pela Inovação" foi formulada no 13º Plano Quinquenal, e em maio de 2016, o Comitê Central do PCCh e o Conselho de Estado emitiram o Programa Nacional para a Estratégia de Desenvolvimento Impulsionado pela Inovação. Em 2017, essa estratégia foi definida no relatório do 19º Congresso Nacional do Partido como uma das sete estratégias para travar a batalha final pela construção integral de uma sociedade moderadamente próspera. Ao aplicar tal estratégia, a China visa impulsionar uma inovação integral tendo a inovação científica e tecnológica como núcleo; persistir na orientação das demandas e na direção da industrialização; persistir na posição principal das empresas na inovação; desenvolver o papel decisivo do mercado na distribuição dos recursos e as vantagens do sistema socialista; aumentar o grau de contribuição do avanço tecnológico para o crescimento econômico; criar novas forças motrizes para o crescimento e promover o desenvolvimento econômico de forma sustentável e saudável. Para implementar a estratégia de desenvolvimento impulsionado pela inovação, a tarefa mais urgente é emancipar a mente, acelerar o ritmo da reforma do sistema científico e tecnológico e superar todos os obstáculos, tanto conceituais quanto sistêmicos, que restringem o desenvolvimento impulsionado pela inovação. A implementação dessa estratégia é uma obra sistemática que envolve os trabalhos em muitos setores com as seguintes medidas principais: criar um ambiente de concorrência justa para incentivar a inovação; estabelecer um mecanismo de inovação tecnológica orientado para o mercado; reforçar a função inovadora no setor financeiro; aperfeiçoar as políticas de incentivo para com resultados científicos e tecnológicos; estruturar um sistema de inovação científica mais rentável e aprimorar o mecanismo para atração, formação e uso de talentos. O objetivo é formar uma nova conjuntura com abertura e inovação bem integradas. Para garantir que a China se torne um dos países mais inovadores do mundo, o país pretende formar, até 2020, um ambiente institucional e um sistema jurídico-político que atendam ao desenvolvimento inovador.

乡村振兴战略

新世纪以来，中共中央持续加大对农村的扶持力度，坚持把农业、农村、农民问题作为工作的重中之重。从2003年起，连续15年中央一号文件均聚焦于农业、农村、农民。中共十七大和十八大也分别提出城乡统筹和城乡一体化的发展思路，对于推动农村发展、增加农民收入起到重要作用。当前，中国最大的发展不平衡，仍然是城乡发展不平衡；最大的发展不充分，仍然是农村发展不充分。中共十九大报告首次提出实施乡村振兴战略，并将其确定为决胜全面建成小康社会需要坚定实施的七大战略之一。

乡村振兴战略强调，坚持农业农村优先发展，按照产业兴旺、生态宜居、乡风文明、治理有效、生活富裕的总要求，建立健全城乡融合发展体制机制和政策体系，加快推进农业农村现代化。乡村振兴的关键和重点是产业振兴。实施乡村振兴战略需要全面深化农村改革，巩固和完善农村基本经营制度，深化农村土地制度改革，完善承包地“三权”分置制度；保持土地承包关系稳定并长久不变，第二轮土地承包到期后再延长三十年；深化农村集体产权制度改革，保障农民财产权益，壮大集体经济；确保国家粮食安全，把中国人的饭碗牢牢端在自己手中；构建现代农业产业体系、生产体系、经营体系，完善农业支持保护制度，发展多种形式适度规模经营，培育新型农业经营主体，健全农业社会化服务体系，实现小农户和现代农业发展有机衔接。

Estratégia de revigoramento do meio rural

Desde a virada do século, o Comitê Central do PCCh tem reforçado constantemente as políticas de assistência às zonas rurais, persistindo em ter as questões relacionadas à agricultura, às zonas rurais e aos agricultores como tarefa primordial da agenda dos trabalhos. Ao longo de 15 anos desde 2003, os documentos nº 1 de todos os anos emitidos pelo Comitê Central do Partido têm focado em questões referentes à agricultura, às zonas rurais e aos agricultores. Nos 17º e 18º Congressos Nacionais do Partido, foi apresentada a ideia sobre o desenvolvimento coordenado e integrado das zonas urbanas e rurais, o que desempenha um importante papel na promoção do crescimento da zona rural e no aumento da renda dos agricultores. Atualmente, o maior desequilíbrio do desenvolvimento da China se reflete entre as zonas urbanas e rurais, sendo o desenvolvimento mais insuficiente nas zonas rurais. O relatório do 19º Congresso Nacional do PCCh propôs, pela primeira vez, o conceito de implementação da estratégia de revigoramento do meio rural, considerando-o uma das sete principais estratégias a serem postas em prática para travar uma batalha decisiva pela construção integral de uma sociedade moderadamente próspera.

A estratégia de revigoramento da zona rural destaca a necessidade de persistir no desenvolvimento prioritário da agricultura e das zonas rurais e criar e aperfeiçoar o mecanismo institucional e o sistema de políticas sobre o desenvolvimento integrado do meio urbano e rural conforme a exigência geral da prosperidade industrial, ecologia mais habitável, costumes locais civilizados, administração eficaz e vida próspera, para acelerar a modernização da agricultura e das zonas rurais. A chave e o foco do revigoramento das zonas rurais residem na revitalização industrial. Para pôr em prática tal estratégia, é preciso aprofundar a reforma integral nas zonas rurais, consolidar e aperfeiçoar o sistema de administração básica das áreas rurais, aprofundar a reforma do sistema agrário e aprimorar o sistema de "separação dos três direitos" (de propriedade, de contratação e de gestão) das terras contratadas. É preciso manter estável e inalterada por longo tempo a relação de contrato de terras e renová-la por mais 30 anos depois de terem vencido os prazos dos contratos da segunda rodada. É preciso levar adiante a reforma do sistema de propriedade coletiva das zonas rurais para proteger os bens, direitos e interesses dos agricultores e expandir a economia coletiva. É preciso garantir a segurança alimentar da China para que tenhamos sempre o controle sobre nosso próprio suprimento de alimentos. É preciso estabelecer os sistemas de indústria de produção e de gestão voltados para a agricultura moderna, aprimorar o sistema

实施乡村振兴战略还要有强大的科技和人才支撑，为此需促进农村一二三产业融合发展，支持和鼓励农民就业创业，拓宽增收渠道；加强农村基层基础工作，健全自治、法治、德治相结合的乡村治理体系；培养造就一支懂农业、爱农村、爱农民的“三农”工作队伍。

de apoio e proteção à agricultura, fomentar a gestão diversificada com dimensão apropriada, formar entidades de gestão de um novo tipo, aperfeiçoar o sistema de serviços socializados na agricultura e permitir aos pequenos agricultores uma conexão orgânica com a agricultura moderna. Paralelamente à aplicação da estratégia de revigoramento das zonas rurais, é preciso ainda ter forte apoio científico e tecnológico e dos recursos humanos, para o que é necessário promover o desenvolvimento integrado das indústrias primárias, secundárias e terciárias nas zonas rurais, para apoiar e incentivar o emprego e o empreendedorismo dos agricultores e abrir-lhes mais canais de rendimento. É preciso reforçar o trabalho básico nas entidades de base no campo e aperfeiçoar o sistema de administração rural que combina a autoadministração, a administração conforme a lei e as normas éticas. É preciso formar um contingente de trabalho que tenha conhecimento agrícola e que tenha afeto pelas zonas rurais e pelos camponeses.

区域协调发展战略

区域协调发展战略是中国经济社会发展战略的重要组成部分。新世纪以来，中国逐步形成西部开发、东北振兴、中部崛起、东部率先发展的区域发展总体战略。中共十九大报告明确提出区域协调发展战略，并将区域协调发展战略确定为决胜全面建成小康社会需要坚定实施的七大战略之一。

实施区域协调发展战略的主要任务包括：加大力度支持革命老区、民族地区、边疆地区、贫困地区快速发展，强化举措推进西部大开发形成新格局，深化改革加快东北等老工业基地振兴，发挥优势推动中部地区崛起，创新引领率先实现东部地区优化发展，建立更加有效的区域协调发展新机制。以城市群为主体构建大中小城市和小城镇协调发展的城镇格局，加快农业转移人口市民化；以疏解北京非首都功能为“牛鼻子”推动京津冀协同发展，高起点规划、高标准建设雄安新区；以共抓大保护、不搞大开发为导向推动长江经济带发展，支持资源型地区经济转型发展；加快边疆发展，确保边疆巩固、边境安全；坚持陆海统筹，加快建设海洋强国。

区域协调发展战略是对“两个一百年”奋斗目标历史交汇期中国区域发展的新部署，对中国增强区域发展协同性、拓展区域发展新空间、推动建设现代化经济体系、实现“两个一百年”奋斗目标具有重大战略意义。

Estratégia de desenvolvimento coordenado regional

A estratégia de desenvolvimento coordenado regional é parte importante da estratégia de desenvolvimento socioeconômico da China. Desde o início do novo século, a China tem formado, passo a passo, uma estratégia geral de desenvolvimento coordenado que abrange o grande desenvolvimento do Oeste, o revigoramento do Nordeste, a ascensão da Região Central e o desenvolvimento aprimorado do Leste. O relatório do 19º Congresso Nacional do PCCh apresentou, de forma clara, a estratégia de desenvolvimento regional coordenado, definindo-a como uma das sete principais estratégias a serem implementadas firmemente para travar a batalha decisiva na construção integral de uma sociedade moderadamente próspera.

Para implementar a estratégia de desenvolvimento coordenado regional, serão executadas as seguintes tarefas principais: reforçar o apoio à aceleração do desenvolvimento das antigas zonas de base revolucionária, das zonas habitadas por minorias étnicas e das regiões fronteiriças e pobres; acentuar medidas para formar um novo panorama do grande desenvolvimento do Oeste; aprofundar a reforma para acelerar o revigoramento do Nordeste e outras antigas bases industriais; desenvolver vantagens para impulsionar a ascensão da Região Central e concretizar o desenvolvimento otimizado do Leste com o papel orientador da inovação, de modo a estabelecer um novo mecanismo mais eficaz para o desenvolvimento regional coordenado; criar, com base nas aglomerações urbanas, uma estrutura urbana na qual as pequenas, médias e grandes cidades, tanto quanto as pequenas vilas, se desenvolvam de forma coordenada e acelerar a urbanização das áreas ocupadas pela população migrante rural; incentivar o desenvolvimento integrado da região Beijing-Tianjin-Hebei com a transferência das funções não essenciais da capital Beijing como questão-chave; planejar e construir, a partir do elevado padrão internacional, a nova área de Xiong'an; empenhar-se na grande proteção ambiental ao invés da exploração excessiva e desordenada, promover o desenvolvimento do cinturão econômico do rio Yangtzé; apoiar a transformação do desenvolvimento econômico nas regiões com recursos naturais; incentivar o desenvolvimento das regiões fronteiriças e garantir sua estabilidade e segurança; persistir numa abordagem integrada de desenvolvimento terrestre e marítimo e acelerar a construção de um país poderoso nos mares.

A estratégia de desenvolvimento coordenado regional constitui uma nova disposição sobre o desenvolvimento regional da China no período de confluência histórica das metas de luta dos "dois centenários", desempenhando um importante papel para aumentar a coordenação do desenvolvimento regional, ampliar o novo espaço do desenvolvimento regional, promover o estabelecimento do sistema econômico modernizado, bem como concretizar as duas metas centenárias.

可持续发展战略

中国是人口众多、资源相对不足的国家。改革开放以来，中共中央、国务院高度重视中国的可持续发展，1994年3月，国务院通过《中国21世纪议程》，确定实施可持续发展战略。2003年初，国务院颁布《中国21世纪初可持续发展行动纲要》，明确未来10到20年的可持续发展目标、重点和保障措施。中共十五大、十六大、十七大、十八大，都对可持续发展战略提出新要求。可持续发展战略事关中华民族的长远发展，事关子孙后代福祉，具有全局性、根本性、长期性。中共十九大报告将可持续发展战略确定为决胜全面建成小康社会需要坚定实施的七大战略之一。

可持续发展是基于社会、经济、人口、资源、环境相互协调和共同发展的理论和战略，主要包括生态可持续发展、经济可持续发展和社会可持续发展，要求坚持不懈地全面推进经济社会与人口、资源和生态环境相协调，不断提高中国的综合国力和竞争力。其以保护自然资源环境为基础，以激励经济发展为条件，以改善和提高人类生活质量为目标，以既能相对满足当代人的需求，又不能对后代的发展构成危害为宗旨。实施可持续发展战略的指导思想是坚持以人为本，主线是人与自然相和谐，核心是经济发展，根本出发点是提高人民群众生活质量，突破口是科技和体制创新。中共十九大报告赋予可持续发展战略新的时代内涵，首次提出建设“富强民主文明和谐美丽”的社会主义现代化强国目标，生态文明建设上升为新时代中国特色社会主义的重要组成部分。

Estratégia de desenvolvimento sustentável

A China é um país populoso com recursos relativamente insuficientes. Desde a reforma e abertura, o Comitê Central do PCCh e o Conselho de Estado têm atribuído grande importância ao desenvolvimento sustentável do país. Em março de 1994, foi aprovada pelo Conselho de Estado a Agenda do Século XXI da China, sendo decidida a implementação da estratégia de desenvolvimento sustentável. No início de 2003, o Conselho de Estado promulgou o Programa de Ação do Desenvolvimento Sustentável da China no Início do Século XXI, definindo as metas, os focos e as medidas de garantia para o desenvolvimento sustentável nos seguintes 10 até 20 anos. O 15º, 16º, 17º e 18º Congressos Nacionais do Partido fizeram novas propostas em relação à estratégia de desenvolvimento sustentável. Como se relaciona estreitamente com o desenvolvimento da nação chinesa em longo prazo e com o bem-estar das futuras gerações, a estratégia de desenvolvimento se reveste de um significado integral, essencial e de longo prazo. No relatório do 19º Congresso Nacional do PCCh, ela foi definida como uma das sete principais estratégias a serem implementadas firmemente para travar a batalha decisiva pela construção integral de uma sociedade moderadamente próspera.

Com base na teoria de desenvolvimento coordenado e conjunto da sociedade, economia, população, recursos e meio ambiente, tal estratégia abrange principalmente o desenvolvimento sustentável da ecologia, da economia e da sociedade, exigindo persistência incansável na promoção e coordenação entre a sociedade econômica e a população, entre os recursos e a ecologia, e em elevar incessantemente o poderio integral e a competitividade da China. Ela tem a proteção ambiental como base, o estímulo ao crescimento econômico como condição e a melhora da qualidade de vida do povo como objetivo, visando atender às necessidades da atual geração sem danificar o desenvolvimento das futuras gerações. Conforme o pensamento orientador, para a implementação dessa estratégia é preciso colocar os interesses do povo em primeiro lugar, seguir o princípio de harmonia entre o homem e a natureza, focar no crescimento econômico, tratar como ponto de partida a melhora de vida da população, usar como brecha a inovação tecnológica e institucional. O relatório do 19º Congresso Nacional do PCCh atribuiu à estratégia de desenvolvimento sustentável uma conotação de nova era, apresentando pela primeira vez a meta da modernização de um poderoso país socialista com "prosperidade, democracia, civilização, harmonia e beleza", e definindo a proteção do meio ambiente como uma importante parte do socialismo com características chinesas na nova era.

军民融合发展战略

2015年3月，习近平出席十二届全国人大三次会议解放军代表团全体会议时提出，“把军民融合发展上升为国家战略”。同年10月，中共十八届五中全会明确提出，“实施军民融合发展战略，形成全要素、多领域、高效益的军民深度融合发展格局”。2017年，中共十九大报告将军民融合发展战略确定为决胜全面建成小康社会需要坚定实施的七大战略之一。实施军民融合发展战略，是中国长期探索经济建设和国防建设协调发展规律的重大成果。其关键在于统筹经济建设和国防建设，使经济建设与国防建设相互促进、相互支撑，实现富国和强军的统一。必须加强顶层设计，把国防和军队建设规划的宏观需求纳入经济社会发展规划，并完善配套政策法规制度，加大法规建设力度。同时，还需要打破军工垄断体制，降低民企准入门槛，强化安全保密监管，通过引入竞争激发活力，确保资源投入有质量有效益。

Estratégia de desenvolvimento integrado civil-militar

Em março de 2015, em encontro com a delegação do Exército de Libertação Popular da China realizado durante a 3ª sessão da 12ª Assembleia Popular Nacional da China, Xi Jinping propôs "colocar o desenvolvimento integrado civil-militar no patamar estratégico do país". Em outubro do mesmo ano, na 5ª sessão plenária do 18º Comitê Central do PCCh, Xi reiterou claramente a "implementação da estratégia de desenvolvimento integrado civil-militar para formar um panorama do desenvolvimento civil-militar integrado de todos os fatores, todas as áreas e de alta eficiência". Em 2017, no relatório do 19º Congresso Nacional do PCCh, ela foi definida como uma das sete principais estratégias a serem implementadas firmemente para travar a batalha decisiva pela construção integral de uma sociedade moderadamente próspera. A implementação da estratégia de desenvolvimento da integração civil-militar foi um grande resultado obtido pela China na concretização de um desenvolvimento coordenado entre a construção econômica e a construção da defesa nacional do país ao longo do tempo. Para implementar essa estratégia, a chave está em coordenar o desenvolvimento econômico com a construção da defesa nacional, fazendo com que a construção econômica e a defesa nacional se promovam e se apoiem mutuamente, de modo a construir um país próspero e um Exército poderoso ao mesmo tempo. Para executar essa estratégia, a China irá reforçar o planejamento geral pelas instâncias superiores em nível nacional; integrar o programa de desenvolvimento socioeconômico às macronecessidades do planejamento da defesa nacional e da construção do Exército; melhorar os mecanismos institucionais regulamentares e suplementares e intensificar os esforços na regulamentação. Por outro lado, deve-se ainda quebrar o monopólio existente na indústria militar, reduzir as barreiras à entrada do setor privado, fortalecer a supervisão sobre a segurança e o dever de guardar os segredos de Estado e, por meio da introdução da concorrência, aumentar a vitalidade e garantir que os investimentos sejam realizados com qualidade e eficiência.

四、将改革进行到底，推进国家治理体系和治理能力现代化

IV. Levar a reforma até o fim e promover a modernização do sistema e da capacidade de governança do Estado

国家治理体系和治理能力现代化

2013年11月召开的中共十八届三中全会提出，全面深化改革的总目标是完善和发展中国特色社会主义制度，推进国家治理体系和治理能力现代化。国家治理体系和治理能力是一个国家制度和制度执行能力的集中体现。对中国而言，国家治理体系是中国共产党领导下管理国家的制度体系，包括经济、政治、文化、社会、生态文明和党的建设等各领域体制机制、法律法规安排，也就是一整套紧密相连、相互协调的国家制度；国家治理能力则是运用国家制度管理社会各方面事务的能力，包括改革发展稳定、内政外交国防、治党治国治军等各个方面。国家治理体系和治理能力是一个有机整体，相辅相成。有了好的国家治理体系才能提高治理能力，提高国家治理能力才能充分发挥国家治理体系的效能。推进国家治理体系和治理能力现代化，就是要适应时代变化，既改革不适应实践发展要求的体制机制、法律法规，又不断构建新的体制机制、法律法规，使各方面制度更加科学、更加完善，实现党、国家、社会各项事务治理制度化、规范化、程序化；就是要注重治理能力建设，增强按制度办事、依法办事意识，善于运用制度和法律治理国家，把各方面制度优势转化为管理国家的效能，提高科学执政、民主执政、依法执政水平。推进国家治理体系和治理能力现代化，是完善和发展中国特色社会主义制度的必然要求，是实现社会主义现代化的应有之义。

Modernização do sistema e da capacidade de governança do Estado

Como foi apresentado na 3ª sessão plenária do 18º Comitê Central do PCCh, realizada em novembro de 2013, o objetivo geral do aprofundamento integral da reforma e abertura reside em aprimorar e desenvolver o sistema socialista com características chinesas e promover a modernização do sistema e a capacidade de governança do Estado. O sistema e a capacidade de governança do Estado representam fundamentalmente a capacidade do sistema e a capacidade executiva do sistema de um país. Na China, o sistema de governança do Estado é um sistema institucional de acordo com o qual o país é governado sob a direção do PCCh com regimes, mecanismos e sistemas jurídicos instaurados nos aspectos econômico, político, cultural, social e ecológico, bem como no aspecto da construção do Partido, sendo um sistema estatal estreitamente ligado e coordenado. A capacidade de governança do Estado é a capacidade para tratar os assuntos sociais com o sistema estatal, incluindo a reforma, o desenvolvimento e a estabilidade, os assuntos internos, a diplomacia e a defesa nacional, assim como os assuntos referentes a administração do Partido, do Estado e do Exército. O sistema e a capacidade de governança do Estado se complementam. Um bom sistema elevará a capacidade e esta ajudará a desenvolver plenamente a eficácia do sistema. Promover a modernização do sistema e da capacidade de governança do Estado exige que nos adaptemos às mudanças dos tempos, reformemos os sistemas, mecanismos, leis e regulamentos não correspondentes às demandas do desenvolvimento e criemos outros novos para nossos sistemas serem mais científicos e completos em todos os aspectos. Exige também que a governança do Partido, do Estado e dos assuntos sociais seja mais institucionalizada, padronizada e regularizada. É preciso dar mais atenção à melhora da capacidade de governança, reforçar a consciência de agir em conformidade com as instituições e leis e saber usar o sistema e as leis na administração do Estado, transformando as vantagens institucionais na eficiência da governança do Estado e elevando o nível da governança científica, democrática e em conformidade com a lei. A promoção da modernização do sistema e da capacidade de governança do Estado é um requisito para aperfeiçoar e desenvolver o socialismo com características chinesas e também uma regra inerente à concretização da modernização socialista.

市场在资源配置中起决定性作用

2013年11月召开的中共十八届三中全会提出，使市场在资源配置中起决定性作用。市场决定资源配置是市场经济的一般规律，市场经济本质上就是市场决定资源配置的经济。健全社会主义市场经济体制必须遵循这条规律，着力解决市场体系不完善、政府干预过多和监管不到位问题，推动资源配置依据市场机制实现效益最大化和效率最优化。做出“使市场在资源配置中起决定性作用”的定位，是对此前沿用20多年的“使市场在资源配置中起基础性作用”这一提法的继承和发展，有利于在全党全社会树立关于政府和市场关系的正确观念，有利于转变经济发展方式、转变政府职能，有利于抑制消极腐败现象。当然，市场这只“无形的手”在使整个社会经济活动更加活跃的同时，也会由于其自发性、盲目性造成市场失灵，需要政府这只“有形的手”来发挥作用。政府的职责和作用主要是保持宏观经济稳定，加强和优化公共服务，保障公平竞争，加强市场监管，维护市场秩序，推动可持续发展，促进共同富裕。使市场在资源配置中起决定性作用、更好发挥政府作用，既是一个重大理论命题，又是一个重大实践命题。科学认识这一命题，准确把握其内涵，对全面深化改革、推动社会主义市场经济健康有序发展具有重大意义。

Deixar o mercado desempenhar papel determinante na distribuição dos recursos

Na 3ª sessão plenária do 18º Comitê Central do Partido, realizada em novembro de 2013, foi enfatizada uma necessidade maior de "deixar o mercado desempenhar um papel determinante na distribuição dos recursos". Esta é uma regra geral da economia de mercado segundo a qual é o mercado que determina a distribuição dos recursos. Para aperfeiçoar o sistema de economia socialista de mercado, a China deve observar esta regra e empenhar-se em minimizar e resolver as imperfeições do mercado, a intervenção governamental excessiva e a supervisão e controle insuficientes, a fim de promover a distribuição dos recursos com a máxima eficiência e a otimização da rentabilidade do mecanismo de mercado. A determinação de "deixar o mercado desempenhar um papel determinante na distribuição dos recursos", uma continuidade e desenvolvimento do conceito "papel básico" do mercado na distribuição de recursos usado nos últimos 20 anos, ajuda todo o Partido e toda a sociedade a ter uma concepção correta das relações governo-mercado e favorece a transformação do modelo de desenvolvimento econômico e das funções do governo, beneficiando o combate à corrupção e à passividade. Claro que o mercado, como "mão invisível", torna as atividades socioeconômicas mais ativas e, ao mesmo tempo, gera seu mau funcionamento devido à sua espontaneidade e cegueira. Nessas circunstâncias, é necessário que o governo, a "mão visível", desempenhe seu papel e exerça sua função principalmente para manter a estabilidade macroeconômica, fortalecer e aprimorar os serviços públicos, assegurar a concorrência justa, fortalecer a supervisão e o controle do mercado, manter a ordem, corrigir as falhas do mercado e promover o desenvolvimento sustentável e a prosperidade comum. Deixar o mercado desempenhar um papel determinante na distribuição dos recursos e desempenhar melhor a função do governo constituem tanto um importante tema teórico quanto um importante tema sobre a prática. Entender de maneira científica esse tema e assimilar corretamente sua conotação têm grande significado para aprofundar integralmente a reforma e promover o desenvolvimento saudável da economia de mercado socialista.

让人民群众有更多获得感

2015年2月27日，习近平在主持召开中央全面深化改革领导小组第十次会议时指出，科学统筹各项改革任务，把改革方案的含金量充分展示出来，让人民群众有更多获得感。“获得感”是指人们在收获某种物质或精神利益后产生的满足感。让人民群众有更多获得感，就是让普通群众不仅具有目标设定、前景展望和发展预期意义上可能的“获得”，而且具有现实可见、可拥有和可支配的，并在今后发展中还会不断充实的实在“获得”。其强调的是一种客观“得到”，既包括物质方面也包括精神方面。“获得感”使人民有了衡量是否实际受益的标尺，得到了人民群众的热烈响应，成为2015年度中国“十大流行语”之首。“让人民群众有更多获得感”的提出，体现了中国共产党立党为公、执政为民的宗旨意识和以人民为中心的发展思想，体现了社会建设要坚持共建共享的基本原则，体现了改革创新要以增进民生福祉为目标的价值导向。

Fazer com que o povo se sinta mais beneficiado

É preciso coordenar de maneira científica as tarefas da reforma para mostrar sua vantagem e fazer com que o povo se sinta mais beneficiado. Essa ideia foi apresentada por Xi Jinping na 10ª reunião do Grupo Dirigente Central para o Aprofundamento Integral da Reforma, realizada no dia 27 de fevereiro de 2015.

"Sentir-se beneficiado" refere-se à satisfação que as pessoas sentem depois de terem certos interesses materiais ou espirituais satisfeitos. Para "fazer com que o povo se sinta mais beneficiado", não se pode satisfazê-lo apenas com os eventuais "benefícios" contemplados nos planos, nas perspectivas e nas expectativas de desenvolvimento, mas sim fazer com que o povo sinta benefícios reais, visíveis, disponíveis e ainda realizáveis constantemente no desenvolvimento futuro.

"Sentir-se beneficiado" valoriza os "benefícios" materiais ou espirituais concretos e objetivos, e estabelece um indicador para avaliar a satisfação do povo com os benefícios obtidos. A ideia foi bem recebida pelas massas populares e o termo tornou-se um dos "dez termos do ano" em 2015.

A ideia de "fazer com que o povo se sinta mais beneficiado" reflete o princípio do PCCh de servir aos interesses públicos e exercer o poder em prol do povo, o pensamento de desenvolvimento centrado no povo, o princípio básico de construção conjunta e compartilhamento dos frutos do crescimento, bem como o princípio-guia da reforma e inovação que objetivam sempre a melhora do bem-estar do povo.

顶层设计和摸着石头过河的关系

改革开放是前无古人的崭新事业，必须坚持正确的方法论，在不断实践探索中推进。顶层设计和摸着石头过河的关系，是习近平提出的全面深化改革需要把握的重大关系之一。摸着石头过河，是富有中国特色、符合中国国情的改革方法。摸着石头过河就是摸规律，从实践中获得真知。摸着石头过河和加强顶层设计是辨证统一的，推进局部的阶段性改革开放要在加强顶层设计的前提下进行，加强顶层设计要在推进局部的阶段性改革开放的基础上来谋划。必须加强宏观思考和顶层设计，更加注重改革的系统性、整体性、协同性，同时也要继续鼓励大胆试验、大胆突破，不断把改革开放引向深入。

Relação entre o "planejamento geral pelas instâncias superiores" e o conceito de "atravessar o rio sentindo as pedras"

A reforma e abertura é um empreendimento novo sem precedentes; por isso, devemos persistir na correta metodologia e promovê-la na prática com constantes estudos e explorações. A relação apresentada por Xi Jinping entre o "planejamento geral pelas instâncias superiores" e o conceito de "atravessar o rio sentindo as pedras" é uma das relações mais importantes entre as que devem ser tratadas cuidadosamente no aprofundamento integral da reforma. "Atravessar o rio sentindo as pedras" constitui um pensar com características e sabedorias chinesas em consonância com as condições concretas da China. O ditado significa desvendar as leis e regras para fazer algo e adquirir conhecimento e conhecer a verdade na prática. Atravessar o rio sentindo as pedras e reforçar o planejamento geral pelas instâncias superiores são uma unidade dialética. A promoção da reforma e abertura parcial por fases deve ser realizada sob condições do fortalecimento do planejamento geral pelas instâncias superiores, enquanto o fortalecimento do planejamento geral pelas instâncias superiores tem de ser realizado na base da promoção da reforma e abertura parcial por fases. É preciso reforçar a macroconsideração e o planejamento geral pelas instâncias superiores, dar maior atenção à reforma de maneira sistemática, global e coordenada e, ao mesmo tempo, incentivar todos a fazer experimentações, avançar e elevar constantemente a reforma e abertura para um novo patamar.

改革实干家

中共十八大以来，习近平多次指出“实干”的重要性，并提出领导干部应做改革实干家的要求。2015年7月，在主持召开中央全面深化改革领导小组第十四次会议时，他强调领导干部“既当改革的促进派，又当改革的实干家”。之所以提出这样的要求，是因为改革从来都不是一帆风顺的，也不是一劳永逸的。改革的决心和信心要用行动和效果来体现、来检验，不能只表态不作表率，只挂帅不出征。特别是当前正处于全面深化改革的关键时期，重大举措能不能落到实处，关键要靠各地区各部门以及各级领导干部严格执行、真正落实、扎实苦干。“喊破嗓子不如甩开膀子”，对于各级领导干部来说，当改革实干家，就是“不仅亲自抓、带头干，还要勇于挑最重的担子、啃最硬的骨头”。

Trabalhar arduamente pela reforma

Desde o 18º Congresso Nacional do PCCh, Xi Jinping demandou que os quadros dirigentes trabalhem arduamente pela reforma e mencionou várias vezes a questão de "trabalhar arduamente". Ao presidir a 14ª reunião do Grupo Dirigente Central de Aprofundamento Integral da Reforma, realizada em julho de 2015, ele enfatizou que "os quadros dirigentes devem ser promotores da reforma e, ao mesmo tempo, serem trabalhadores árduos da reforma". Tal demanda foi formulada exatamente por não ser fácil concretizar a reforma. Contudo, a determinação e a convicção devem ser manifestadas e provadas pelas ações e pelos efeitos. Não se pode prometer uma atitude e não agir exemplarmente, nem se pode assumir a liderança e não fazer nada. Especialmente quando a China se encontra na fase-chave do aprofundamento integral da reforma, as grandes atuações só serão realizadas concretamente por meio do cumprimento rigoroso, execução verdadeira e trabalho árduo de todas as regiões e por todos os departamentos e quadros dirigentes. "Melhor do que dizer é fazer, melhor do que prometer é realizar". Para os quadros dirigentes dos diversos níveis, ser um trabalhador árduo da reforma significa, "trabalhar pessoalmente e ser exemplar, assumir as tarefas mais árduas e 'roer' os ossos mais duros".

五、全面推进依法治国，加快建设社会主义法治国家

V. Promover a administração integral do país conforme a lei e acelerar a construção de um estado de direito socialista

中国特色社会主义法治道路

中国特色社会主义法治道路，就是在中国共产党领导下，紧紧围绕坚持和完善中国特色社会主义制度，深入贯彻中国特色社会主义法治理论，建设中国特色社会主义法治体系，坚持人民主体地位，坚持法律面前人人平等，坚持依法治国和以德治国相结合，坚持从中国实际出发，建设科学立法、严格执法、公正司法、全民守法的社会主义法治国家。中国特色社会主义法治道路是最适合中国国情的法治道路。坚持走中国特色社会主义法治道路，是中国的社会主义制度所决定的，是中国共产党深刻总结社会主义法治建设正反两方面经验得出的根本结论。中国特色社会主义法治道路，从根本上保证了中国社会主义法制建设的正确方向。

Caminho da legalidade socialista com características chinesas

O caminho da legalidade socialista com características chinesas consiste em, sob a liderança do PCCh, persistir e aperfeiçoar o sistema socialista com características chinesas, observar profundamente as teorias de estado de direito socialista com características chinesas, construir o sistema de estado de direito socialista com características chinesas, persistir na posição protagonista do povo e na igualdade de todos perante a lei, persistir na administração do Estado, combinando leis e virtudes, e persistir na consideração da realidade do país para edificar um estado de direito socialista com legislação científica, aplicação rigorosa da lei, imparcialidade do Judiciário e respeito de todos às leis. O caminho da legalidade socialista com características chinesas é o caminho de direito que se adapta às condições da China. Persistir no caminho da legalidade socialista é determinado pelo sistema socialista da China e é também uma conclusão fundamental feita pelo PCCh depois de ter resumido profundamente as experiências positivas e negativas acumuladas na construção da legalidade socialista. O caminho da legalidade socialista com características chinesas garante fundamentalmente a direção correta da construção da legalidade socialista da China.

社会主义法治体系

2014年10月召开的中共十八届四中全会指出，“全面推进依法治国，总目标是建设中国特色社会主义法治体系，建设社会主义法治国家。”全面推进依法治国总目标的提出，既明确了全面依法治国的性质和方向，又突出了工作重点和总抓手。中国特色社会主义法治体系由五个子系统构成：一是完备的法律规范体系，坚持以科学立法、民主立法、道德立法为衡量标准；二是高效的法治实施体系，以完善立法程序、完善司法制度、完善执政方式等为基本内容；三是严密的法治监督体系，包括全国人大的制约监督、行政机关的制约监督、司法机关的制约监督、社会舆论的制约监督、公民的制约监督等各类监督；四是有力的法治保障体系，以树立和维护司法权威、实施和促进司法公开、适应和满足法治需求等为重要保障；五是完善的党内法规体系。社会主义法治国家基本要求主要表现在法律完备而良好、法律权威、法律有效实施等方面。中国建设社会主义法治国家，必须走中国特色社会主义法治道路，坚持中国共产党的领导，坚持人民主体地位，坚持法律面前人人平等，坚持依法治国和以德治国相结合，坚持从中国实际出发。

Sistema de legalidade socialista

Na 4ª sessão plenária do 18º Comitê Central do PCCh, realizada em outubro de 2014, foi enfatizada "a promoção da administração integral do país conforme a lei com o objetivo geral para a construção do sistema institucional de legalidade com características chinesas e do estado de direito socialista. A formulação desse objetivo geral expressou claramente a natureza e a direção da administração integral do país conforme a lei e destacou também suas prioridades. O sistema de legalidade socialista com características chinesas é composto por cinco subsistemas: (1) sistema regulamentar completo, que tem como critério de avaliação a legislação científica e democrática com base nas virtudes; (2) sistema eficiente de aplicação do direito, tendo como objetivo aperfeiçoar os processos legislativos, sistema judiciário e formas de governança; (3) sistema de supervisão estrita na legalidade, incluindo supervisões da Assembleia Popular Nacional, dos órgãos administrativos e do Judiciário, bem como da opinião pública e de todos os cidadãos; (4) forte sistema de garantia da legalidade, priorizando a importante garantia destinada a estabelecer e defender a autoridade judiciária, realizar e promover a publicidade nos atos judiciais, e atender e satisfazer as demandas da legalidade; (5) sistema regulamentar aperfeiçoado dentro do Partido. Os requisitos de um estado de direito socialista residem em leis completas e muito convenientes, e na autoridade e aplicação eficiente delas.

Para construir um estado de direito socialista na China, é obrigatório persistir no caminho da legalidade socialista com características chinesas, na liderança do PCCh, na posição protagonista do povo, na igualdade de todos perante a lei. É obrigatório persistir na combinação entre leis e virtudes para a administração do Estado e na consideração da realidade do país.

依法治军、从严治军

依法治军、从严治军不是单纯的依法管理，而是依法建设、治理和运用军队。2014年10月举行的中共十八届四中全会，首次将依法治军、从严治军纳入依法治国总体布局，实现了人民解放军法治建设的历史性飞越，是依法治国方略在军事领域的具体运用。2015年2月，中央军委印发《关于新形势下深入推进依法治军从严治军的决定》，对依法治军、从严治军作出全面部署。依法治军、从严治军的本质要求是法规至上，它要求人民解放军强化法治信仰和法治思维，构建完善中国特色军事法治体系，形成系统完备、严密高效的军事法规制度体系、军事法治实施体系、军事法治监督体系、军事法治保障体系，按照法治要求转变治军方式，形成党委依法决策、机关依法指导、部队依法行动、官兵依法履职的局面，不断提高国防和军队建设法治化水平。

Administrar as Forças Armadas conforme a lei e disciplina rigorosa

Administrar as Forças Armadas conforme a lei e com disciplina rigorosa não significa somente a gestão de acordo com a lei, mas construir, governar e utilizar as Forças Armadas segundo a lei. Na 4ª sessão plenária do 18º Comitê Central do PCCh, realizada em outubro de 2014, a administração das Forças Armadas conforme a lei e disciplina rigorosa foi incluída pela primeira vez nas disposições gerais da governança do Estado conforme a lei, dando um salto histórico na construção de direito do Exército Popular de Libertação. Esta é uma implementação concreta da estratégia de governança do Estado na área militar conforme as leis. Em fevereiro de 2015, a Comissão Militar Central publicou as "Decisões sobre a promoção aprofundada da administração das Forças Armadas conforme a lei e a disciplina rigorosa sob a nova situação", implantando disposições em todos os aspectos a esse respeito. A administração das Forças Armadas conforme a lei e disciplina rigorosa tem como exigência essencial a supremacia das leis e regulamentos, requerendo que o Exército Popular de Libertação reforce a crença e a mentalidade em relação à legalidade, aprimore o sistema militar legal com características chinesas, forme um sistema institucional completo, rigoroso e eficiente conforme a lei, um sistema militar de aplicação da lei, sistema militar de supervisão conforme a lei e um sistema militar de garantia da legalidade. Além disso, requer transformar a maneira de administrar as Forças Armadas de acordo com as exigências da lei, formando uma estrutura na qual os Comitês do PCCh tomem as decisões conforme a lei, os órgãos forneçam orientações segundo as leis, as tropas exerçam operações de acordo com as leis e os oficiais e soldados assumam suas funções em conformidade com as leis, elevando constantemente o nível de legalidade da construção da defesa nacional e das Forças Armadas.

六、推动全面从严治党向纵深发展，不断提高党的执政能力和领导水平

VI. Promover o desenvolvimento profundo da administração rigorosa e integral do Partido e elevar constantemente a capacidade de governança e o nível da direção do Partido

新时代党的建设总要求

中国特色社会主义进入新时代，中国共产党一定要有新气象新作为。中国共产党团结带领人民进行伟大斗争、推进伟大事业、实现伟大梦想，必须毫不动摇坚持和完善党的领导，毫不动摇把党建设得更加坚强有力。中共十九大报告提出新时代党的建设总要求，即，坚持和加强党的全面领导，坚持党要管党、全面从严治党，以加强党的长期执政能力建设、先进性和纯洁性建设为主线，以党的政治建设为统领，以坚定理想信念宗旨为根基，以调动全党积极性、主动性、创造性为着力点，全面推进党的政治建设、思想建设、组织建设、作风建设、纪律建设，把制度建设贯穿其中，深入推进反腐败斗争，不断提高党的建设质量，把党建设成为始终走在时代前列、人民衷心拥护、勇于自我革命、经得起各种风浪考验、朝气蓬勃的马克思主义执政党。这个总要求明确了新时代党的建设的根本原则、指导方针、鲜明主线、基本途径、总体布局、战略任务、根本目标，提出了党的建设的一系列新思想新论断新举措，开辟了马克思主义党建理论的新境界，是坚定不移推进全面从严治党的行动纲领和基本遵循。

Requisitos gerais para a construção do Partido na nova era

Com a entrada do socialismo com características chinesas na nova era, o PCCh deve ter novos panoramas e novos empreendimentos. O PCCh precisa unir e liderar o povo para travar mais uma grande luta, promover a grande causa e concretizar o grande sonho. É preciso persistir e aperfeiçoar inabalavelmente a liderança do Partido e fortalecê-la ainda mais.

O relatório do 19º Congresso Nacional do PCCh apresentou os requisitos gerais para a construção do Partido na nova era, isto é: persistir e reforçar a liderança integral do Partido e persistir na ideia de que o Partido deve ser administrado com disciplina rigorosa; ter a construção de sua capacidade de governança de longo prazo, seu caráter de vanguarda e pureza como tarefa principal, sua construção política como tarefa orientadora, a persistência no ideal, na convicção e no propósito como base e ter o entusiasmo, a iniciativa e a criatividade como ponto de partida; promover integralmente a construção política, ideológica e organizacional do Partido, bem como a construção da disciplina e da conduta; colocar a construção institucional em todos os aspectos para promover de maneira profunda a luta anticorrupção; elevar constantemente a qualidade da construção partidária para que o Partido seja transformado em um partido marxista no poder que sempre permaneça à frente do tempo, conquiste o apoio do povo, tenha coragem de fazer a autorrevolução e a capacidade de resistir a qualquer adversidade.

Por esses requisitos gerais, estão sendo definidos o princípio fundamental, a diretriz orientadora, a tarefa principal, o meio básico, a disposição geral, a missão estratégica e o objetivo fundamental para a construção do Partido na nova era. Foi apresentada também uma série de novas ideias, teses e medidas para a construção do Partido, tendo aberto um novo domínio da teoria marxista sobre a construção partidária e servindo como o programa de ação para impulsionar a administração integral e rigorosa do Partido.

党的政治建设

旗帜鲜明讲政治是中国共产党作为马克思主义政党的根本要求。党的政治建设是党的根本性建设，决定党的建设方向和效果。中共十九大把党的政治建设纳入党的建设总体布局并摆在首位，明确了政治建设在新时代党的建设中的战略定位，抓住了全面从严治党的根本性问题。

加强党的政治建设，首要任务是保证全党服从中央，坚决维护党中央权威和集中统一领导。要求全党坚定执行党的政治路线，严格遵守党的政治纪律和政治规矩，在政治立场、政治方向、政治原则、政治道路上同党中央保持高度一致。加强党的政治建设，必须严肃党内政治生活。尊崇党章，严格执行新形势下党内政治生活若干准则，增强党内政治生活的政治性、时代性、原则性、战斗性，自觉抵制商品交换原则对党内生活的侵蚀，营造风清气正的良好政治生态。完善和落实民主集中制的各项制度，坚持民主基础上的集中和集中指导下的民主相结合，既充分发扬民主，又善于集中统一。注重加强党内政治文化建设。加强党的政治建设，要求全党同志特别是高级干部要加强党性锻炼，不断提高政治觉悟和政治能力，把对党忠诚、为党分忧、为党尽职、为民造福作为根本政治担当。

Construção política do Partido

Manter uma postura política clara constitui uma exigência fundamental para o PCCh ser um partido político marxista. A construção política do Partido é uma construção fundamental para que o mesmo decida a direção e o efeito de sua construção. O relatório do 19º Congresso Nacional do PCCh integrou a construção política do Partido na disposição geral da construção do Partido e a colocou em uma posição prioritária, deixando claro o posicionamento da construção política na construção do Partido da nova era e abordando a questão essencial da administração rigorosa e integral do Partido.

Para reforçar a construção política do Partido, a tarefa primordial é assegurar que todo o Partido siga o Comitê Central e defenda a autoridade da direção central do Partido e da sua liderança centralizada e unificada. Todo o Partido deve aplicar persistentemente a linha política do Partido e respeitar rigorosamente as disciplinas e as regras políticas, mantendo-se em consonância com o Comitê Central em posição, direção, princípio e caminho políticos. Deve-se respeitar o Estatuto do Partido, aplicar "Algumas Normas sobre a Vida Política Interna do Partido sob a Nova Situação", aumentar a correspondência da vida política interna do Partido com a política, a época, o princípio e o combate, e lutar voluntariamente contra a corrosão da vida interna do Partido pelo princípio da troca de mercadorias, criando um ecossistema político limpo e puro. Devem ser aperfeiçoados e implementados os diversos regulamentos do sistema do centralismo democrático com persistência na combinação entre o centralismo baseado na democracia e a democracia orientada pelo centralismo, desenvolvendo plenamente a democracia e, ao mesmo tempo, melhorando a capacidade de praticar o centralismo. Deve-se reforçar a construção de uma cultura política dinâmica e saudável no interior do Partido.

Para reforçar a construção política do Partido, é preciso que todos os seus militantes, especialmente os quadros de alto escalão, reforcem o caráter de vanguarda do Partido, elevem sucessivamente a consciência e a capacidade política e considerem como suas responsabilidades políticas fundamentais ser fiéis ao Partido, aliviar as preocupações do Partido, cumprir os deveres e funções e trabalhar pelo bem-estar do povo.

党的思想建设

党的思想建设是中国共产党为保持自己的创造力、凝聚力和战斗力而在思想理论方面所进行的一系列工作。思想建设是党的基础性建设，是党永葆先进性和纯洁性的重要法宝。共产主义远大理想和中国特色社会主义共同理想，是中国共产党人的精神支柱和政治灵魂，也是保持党的团结统一的思想基础。作为党的基础性建设，思想建设的基本要求是：用马克思列宁主义、毛泽东思想、邓小平理论、“三个代表”重要思想、科学发展观、习近平新时代中国特色社会主义思想武装全党，不断改造和克服党内一切非无产阶级思想，以坚持马克思主义的思想领导，保证全党在思想上政治上行动上高度一致，保持党的先进性和纯洁性。加强党的思想建设，必须把坚定理想信念作为首要任务，教育引导全党牢记党的宗旨，挺起共产党人的精神脊梁，解决好世界观、人生观、价值观这个“总开关”问题，自觉做共产主义远大理想和中国特色社会主义共同理想的坚定信仰者和忠实实践者。加强党的思想建设，还要大力弘扬马克思主义学风。中共十八大以来，中国共产党开展了党的群众路线教育实践活动、“三严三实”专题教育、“学党章党规、学系列讲话、做合格党员”学习教育，成为党的思想建设的重要实践和有力抓手。中共十九大报告指出，继续推进“两学一做”学习教育常态化制度化，在全党开展“不忘初心、牢记使命”主题教育。

Construção ideológica do Partido

A construção ideológica do Partido constitui uma série de trabalhos realizados pelo PCCh no domínio ideológico e teórico para manter sua criatividade, coesão e combatividade. Ela é uma construção básica do Partido, sendo uma importante ferramenta para garantir sua natureza de vanguarda e sua pureza. O grande ideal do comunismo e o ideal comum do socialismo com características chinesas constituem o pilar espiritual e a alma política dos militantes do PCCh, sendo também a base ideológica para manter a unidade do Partido. Sendo a construção básica do Partido, o requisito básico da construção ideológica é armar os militantes do Partido com o marxismo-leninismo, o pensamento de Mao Zedong, a teoria de Deng Xiaoping, o importante pensamento da "tríplice representatividade", o conceito científico de desenvolvimento e o pensamento de Xi Jinping sobre o socialismo com características chinesas na nova era, além de corrigir e extirpar todas as mentalidades não proletárias surgidas dentro do Partido, a fim de persistir na liderança ideológica marxista, garantir a unidade de todo o Partido, tanto na ideologia e política como em ações concretas, e manter a natureza de vanguarda e a pureza do Partido.

Para intensificar a construção ideológica do Partido, é preciso consolidar os ideais e convicções como tarefa prioritária; educar e orientar os militantes a não esquecer os objetivos do Partido; erguer a "espinha dorsal" espiritual dos comunistas e resolver bem a questão de conceitos de mundo, de vida e de valor que constituem um "interruptor geral", tornando-se voluntariamente seguidores firmes e praticantes fiéis do grande ideal do comunismo e do ideal comum do socialismo com características chinesas. Para reforçar a construção ideológica do Partido, é preciso ainda desenvolver o estilo de estudo marxista. Desde o 18º Congresso Nacional, o Partido tem realizado atividades de educação e prática da linha de massas e campanhas educativas como "Três exigências rigorosas e três condutas sérias" e "Estudar o Estatuto, regras do Partido e uma série de discursos do secretário-geral para ser militante qualificado do Partido", as quais desempenharam um papel importante para a construção ideológica do PCCh. O relatório do 19º Congresso Nacional do PCCh demandou ainda que sejam promovidas, de forma regular, as campanhas educativas supracitadas no interior do Partido e outras campanhas educativas com o tema de "manter-se fiel à aspiração inicial e ter sempre em mente a missão incumbida".

党的组织建设

党的组织建设是党的建设主要内容之一，包括党的组织制度建设、组织体系建设、干部队伍建设、党员队伍建设和民主集中制建设等内容。党要实现各个历史时期的政治任务，必须始终把加强党的组织建设摆在突出位置。党的干部是党和国家事业的中坚力量，干部队伍建设在党的组织建设中居于核心地位。中共十九大报告指出，坚持党管干部原则，坚持德才兼备、以德为先，坚持五湖四海、任人唯贤，坚持事业为先、公道正派，把好干部标准落到实处，建设高素质专业化干部队伍。同时，坚持党管人才原则，聚天下英才而用之，加快建设人才强国。党的基层组织是党的全部工作和战斗力的基础，基层组织建设是党的组织建设的基础性工作。中共十九大报告强调，把基层党组织建设成为宣传党的主张、贯彻党的决定、领导基层治理、团结动员群众、推动改革发展的坚强战斗堡垒。党员队伍建设是党的组织建设的重要内容。党员是党肌体的组成细胞和党开展活动的主体，以党员发展教育管理等工作为主体的党员队伍建设，是党的建设基础工程。

Construção organizacional do Partido

A construção organizacional é um importante elemento da construção do Partido. Ele inclui a construção de seus sistemas institucional e organizacional e dos contingentes de quadros e militantes do Partido, bem como o sistema de centralismo democrático. Para concretizar as missões políticas em todas as épocas históricas, o Partido tem de manter sua construção organizacional numa posição de destaque. Os quadros do Partido são a força principal para a causa dele próprio e do Estado. Por esse motivo, a construção do contingente de quadros é essencial para a construção organizacional do PCCh.

O relatório do 19º Congresso Nacional do PCCh estabeleceu que o Partido deve persistir no princípio de administração de seus quadros. É preciso selecionar os quadros tanto pela integridade moral como pela competência profissional, dando prioridade ao primeiro; persistir em nomear os quadros conforme a qualidade individual, não importando de onde venham; e persistir em usar os quadros que se dedicam ao trabalho e se mantêm imparciais e decentes, a fim de pôr em prática os critérios dos bons quadros e construir um contingente de quadros altamente qualificados. Ao mesmo tempo, é preciso persistir no princípio da administração dos recursos humanos pelo Partido para reunir e usar os talentos dentro e fora do país, a fim de acelerar a construção de um país poderoso com recursos humanos qualificados. As organizações partidárias de base constituem o alicerce de todos os trabalhos e da força de combate do Partido. Por isso, a construção das organizações de base é um trabalho fundamental na construção organizacional do Partido. O relatório do 19º Congresso Nacional do PCCh assinalou que se devem construir e transformar as organizações partidárias de base em sólidas fortalezas de combate para difundir as políticas do Partido, aplicar suas decisões, liderar a administração de base, unir e mobilizar as massas populares, bem como impulsionar a reforma e o desenvolvimento. A formação do contingente de militantes é uma parte importante na construção organizacional do Partido. Como os militantes do Partido são suas células e parte importante das suas atividades, a formação do contingente de militantes do Partido é um trabalho fundamental para a construção organizacional do Partido, tendo como foco os trabalhos de admissão, educação e administração de seus militantes.

党的作风建设

作风建设是管党治党的永恒课题。党的作风是党的各级组织和全体党员在实践过程中形成的比较稳定的、反映党的特征和品格的整体精神风貌，包括党的思想作风、工作作风、领导作风、学风和生活作风等。党的作风就是党的形象，关系人心向背，关系党的生死存亡。中国共产党历来高度重视作风建设，在长期不懈奋斗中形成了一整套优良作风，突出表现为理论联系实际、密切联系群众、批评与自我批评三大作风，以及谦虚谨慎、不骄不躁和艰苦奋斗等作风。中共十九大报告强调，加强作风建设，必须紧紧围绕保持党同人民群众的血肉联系，增强群众观念和群众感情，不断厚植党执政的群众基础。凡是群众反映强烈的问题都要严肃认真对待，凡是损害群众利益的行为都要坚决纠正。坚持以上率下，巩固拓展落实中央八项规定精神成果，继续整治“四风”问题，坚决反对特权思想和特权现象。

Construção do estilo do Partido

A construção do estilo do Partido é um tema permanente na administração do Partido pelo próprio Partido. O estilo do Partido é um perfil espiritual integral e constante que reflete suas características e sua qualidade, tendo sido formado pelas organizações nos diversos níveis e por todos os seus militantes no processo de sua prática. O estilo do Partido abrange diversas áreas, como ideologia, trabalhos, liderança, estudo e vida do Partido. O estilo do Partido é justamente sua imagem, questão crucial relacionada ao apoio ou não do povo e à vida ou morte do Partido. O Partido Comunista da China sempre dá grande importância à construção do seu estilo e tem formado uma série de estilos excelentes na sua prolongada luta, dos quais três são os principais: primeiro, a integração da teoria com a prática; segundo, a ligação estreita com as massas populares; terceiro, a crítica e autocrítica, além das condutas de modéstia e prudência, não arrogância ou não precipitação e a luta árdua.

O relatório do 19º Congresso Nacional do PCCh enfatizou que para reforçar a construção do estilo, é preciso manter relações de unha e carne com as massas populares, aumentar a consciência de manter uma afinidade com elas e consolidar sempre o apoio popular do Partido para a governança do país. Devemos tratar seriamente os problemas que fortemente preocupam a população e corrigir todos os atos que prejudicam seus interesses. Devemos persistir na orientação hierárquica com a conduta exemplar vindo de cima, consolidar e ampliar os resultados obtidos na aplicação dos "oito requisitos" do Comitê Central do Partido e continuar a combater e retificar as "quatro condutas nocivas", lutando firmemente contra a mentalidade e os atos que buscam privilégios.

党的纪律建设

党的纪律是党的各级组织和全体党员必须遵守的行为规则，是维护党的团结统一、完成党的任务的保证。中国共产党是靠革命理想和铁的纪律组织起来的马克思主义政党，纪律严明是党的光荣传统和独特优势，加强纪律建设是全面从严治党的治本之策。2013年1月，在十八届中央纪委二次全会上，习近平明确提出“加强党的纪律建设”。中共十九大把纪律建设纳入新时代党的建设总体布局，是关于党建的重要理论和实践创新。加强党的纪律建设，必须把纪律挺在前面，坚持纪严于法、纪在法前，重点强化政治纪律和组织纪律，带动廉洁纪律、群众纪律、工作纪律、生活纪律严起来。必须加强纪律教育，制定完善纪律规定，强化纪律执行，坚持开展批评和自我批评，坚持惩前毖后、治病救人，运用监督执纪“四种形态”，抓早抓小、防微杜渐。必须赋予有干部管理权限的党组相应纪律处分权限，强化监督执纪问责，让党员、干部知敬畏、存戒惧、守底线，习惯在受监督和约束的环境中工作生活。

Construção disciplinar do Partido

As disciplinas são as regras de conduta que as organizações dos diversos níveis e todos os militantes do Partido devem cumprir, sendo uma garantia para a defesa da unidade e união do Partido e para a conclusão de suas tarefas. O PCCh é um partido político marxista fundado com ideal revolucionário e disciplina estrita. A disciplina estrita constitui uma tradição gloriosa e uma vantagem única do Partido. O reforço da construção disciplinar é uma medida fundamental para a administração integral e rigorosa do Partido. Em janeiro de 2013, Xi Jinping apresentou claramente o "reforço da construção disciplinar do Partido" na 2ª sessão plenária da Comissão Central de Inspeção Disciplinar, eleita no 18º Congresso Nacional do PCCh. A construção disciplinar do Partido, como uma teoria importante e uma inovação de prática sobre a construção do Partido, foi incluída na disposição geral da construção partidária na nova era, no 19º Congresso Nacional do PCCh.

Para reforçar a construção disciplinar do Partido, é necessário tratar as disciplinas como uma premissa e insistir que as disciplinas são mais rigorosas do que as leis e estão à frente destas. Temos de nos esforçar mais para intensificar as disciplinas política e organizacional para promover o maior rigor das disciplinas de honestidade, trabalho e vida, bem como da disciplina relativa às massas populares. Devemos fortalecer a educação disciplinar, elaborar e aperfeiçoar as regras disciplinares e fortalecer o cumprimento das mesmas. Devemos persistir em fazer críticas e autocríticas, aprender com os erros passados para evitar a repetição deles no futuro e tratar a doença para salvar o doente, aproveitando as "quatro formas" de supervisão para prevenir desde cedo e desde os pequenos casos, evitando que os pequenos erros se convertam em grandes. É preciso conceder às organizações partidárias competentes na administração de quadros as atribuições correspondentes para impor punições disciplinares, de modo a intensificar a supervisão, o cumprimento da disciplina e a responsabilização, para que os militantes e os quadros sintam temor e respeito às normas, persistam nos princípios fundamentais e se acostumem a trabalhar e viver num ambiente de supervisão e restrição.

党的制度建设

制度建设是具有根本性、全局性、稳定性和长期性的重大问题。党的制度建设是指党在长期领导工作和党内生活中形成党的组织和党的成员必须共同遵守的党内法规、条例、规则等党内制度，其既是党的建设的一个重要方面，也是党的各项基础建设的关键环节。党的制度建设通过对各项工作制度化、规范化，形成党的一系列规章制度，从而为党的其他方面的建设提供基本遵循和制度保障。中共十九大报告强调把制度建设贯穿党的各项建设之中，表明党深化了对制度建设的规律性认识，更加注重凸显制度建设的重要地位和作用。推进全面从严治党，必须坚持制度治党、依规治党，把权力关进制度的笼子，用制度管权、管事、管人。加强党的制度建设，必须建立健全以党章为根本、民主集中制为核心的党内法规制度体系，扎紧制度笼子；必须强化制度宣传教育，增强全党制度意识，筑牢制度治党的思想基础；必须严格执行制度，坚持制度面前人人平等、制度执行没有例外，增强党内法规制度执行力，使制度成为“硬杠杠”“高压线”。

Construção institucional do Partido

A construção institucional é uma importante questão de caráter fundamental, geral, estável e prolongada. É uma construção institucional intrapartidária, formada ao longo do tempo, tanto nos trabalhos de liderança do Partido como na sua vida intrapartidária, que se refere às normas, regulamentos e regras do Partido e que suas organizações e seus militantes devem observar conjuntamente, sendo tanto um importante aspecto para a construção do Partido como um elo-chave para as várias construções básicas do mesmo. É pela institucionalização e padronização dos trabalhos da construção institucional do Partido que se forma o sistema regulamentar do mesmo para fornecer garantias funcionais e institucionais para os outros trabalhos.

O relatório do 19º Congresso Nacional do PCCh enfatizou colocar a construção institucional em todas as outras construções do Partido, significando que o Partido aprofundou seu conhecimento sobre a regularidade inerente à mesma e destacando ainda mais sua importante posição e efeitos. Para promover a administração integral e rigorosa do Partido, é preciso persistir em sua administração institucional conforme as regras e enquadrar o poder na jaula institucional, assim como reger o poder institucionalmente, controlar os trabalhos e administrar os quadros. Para reforçar a construção institucional do Partido, é preciso criar e aperfeiçoar seu sistema institucional, tendo o Estatuto do Partido como o fundamental e o sistema do centralismo democrático como núcleo. É preciso fortalecer a difusão e a educação sobre o sistema institucional, aumentar a consciência de todo o Partido sobre as funções institucionais e consolidar a base ideológica da sua administração institucional. É preciso observar rigorosamente o sistema institucional e defender que todos sejam iguais perante o sistema institucional, que deve ser observado sem exceções. É preciso reforçar a aplicação das regras e regulamentos do Partido, para que seu sistema institucional seja uma "linha demarcatória".

“四个意识”

2016年1月29日，中央政治局会议首次公开提出增强政治意识、大局意识、核心意识、看齐意识这“四个意识”。习近平总书记在庆祝中国共产党成立95周年大会上的讲话强调，全党同志要增强政治意识、大局意识、核心意识、看齐意识，切实做到对党忠诚、为党分忧、为党担责、为党尽责。中共十八届六中全会通过的《关于新形势下党内政治生活的若干准则》强调，全党必须牢固树立政治意识、大局意识、核心意识、看齐意识，自觉在思想上政治上行动上同党中央保持高度一致。

政治意识要求从政治上看待、分析和处理问题。中国共产党作为马克思主义政党，讲政治是突出的特点和优势。政治意识表现为坚定政治信仰，坚持正确的政治方向，坚持政治原则，站稳政治立场，保持政治清醒和政治定力，增强政治敏锐性和政治鉴别力；严肃党内政治生活，严守政治纪律和政治规矩，研究制定政策要把握政治方向，谋划推进工作要贯彻政治要求，解决矛盾问题要注意政治影响，发展党员、选人用人要突出政治标准，对各类组织要加强政治领导、政治引领，对各类人才要加强政治吸纳。

大局意识要求自觉从大局看问题，把工作放到大局中去思考、定位、摆布，做到正确认识大局、自觉服从大局、坚决维护大局。增强大局意识，就是要正确处理中央与地方、局部与全局、当前与长远的关系，自觉从党和国家大局出发想问题、办事情、抓落实，坚决贯彻落实中央决策部署，确保中央政令畅通。

核心意识要求在思想上认同核心、在政治上围绕核心、在组织上服从核心、在行动上维护核心。增强核心意识，就是要始终坚持、切实加强党的领导特别是党中央的集中统一领导，更加紧密地团结在以习近平同志为核心的党中央周围，更加坚定地维护党中央权威，更加自觉地在思想上政治上行动上同党中央保持高度一致，更加扎实地把党中央部署的各项任务落到实处，确保党始终成为中国特色社会主义事业的坚强领导核心。

As "quatro consciências"

Em reunião do dia 29 de janeiro de 2016, o Birô Político do Comitê Central do PCCh exigiu, pela primeira vez, o reforço das "quatro consciências": sobre a política, sobre os interesses globais, sobre núcleo da direção e sobre o alinhamento. Em discurso proferido por ocasião da celebração do 95º aniversário da fundação do PCCh, Xi Jinping acrescentou que todos os militantes do Partido devem reforçar a consciência sobre a política, sobre os interesses globais, sobre o núcleo dirigente e sobre o alinhamento, para que todos sejam fiéis ao Partido, aliviem as preocupações do Partido, assumam as responsabilidades do Partido e cumpram suas funções no Partido. No documento "Algumas diretrizes sobre a vida política do Partido na nova situação", revisada e aprovada na 6ª sessão plenária do 18º Comitê Central, foi realçado que todo o Partido deve manter as consciências supracitadas e alinhar-se ao Comitê Central do Partido nos aspectos político e ideológico.

A consciência sobre a política requer tratar, analisar e resolver os problemas a partir da política. Sendo um partido político marxista, ter uma posição política clara é requisito fundamental para o PCCh. A consciência política se reflete em manter a crença política firme, persistir na direção política correta, persistir nos princípios políticos, ter uma posição política firme, manter a lucidez política e determinação política, aumentar a capacidade de perspicácia e distinção; manter séria a vida política interna do Partido, intensificar a disciplina política e as regras políticas, assegurar a direção política nos estudos de políticas, definir exigências na promoção dos trabalhos, levar em consideração os efeitos políticos ao solucionar as contradições e pensar nos critérios políticos ao se admitir novos membros do Partido, selecionar e usar os recursos humanos, intensificar a direção e a orientação para com as organizações de todos os setores e fazer uma boa admissão de talentos.

A consciência sobre os interesses globais requer considerar os problemas a partir dos interesses globais, pensar, posicionar e tratar os trabalhos a partir do contexto global, para ter uma visão correta sobre a conjuntura, fazer tudo segundo a conjuntura e defender os interesses globais. Reforçar a consciência sobre os interesses globais requer tratar bem as relações entre a direção central e as regiões locais, entre interesses parciais e globais, entre interesses imediatos e futuros, ser consciente no pensar, e trabalhar sempre a partir dos interesses globais do Partido e do Estado, de modo a pôr em prática as disposições do Comitê Central e garantir que elas sejam bem aplicadas.

A consciência sobre o núcleo dirigente requer reconhecer ideologicamente o núcleo dirigente, agir politicamente em torno dele, obedecer organizacionalmente

看齐意识要求向党中央看齐，向党的理论和路线方针政策看齐，向党中央决策部署看齐，做到党中央提倡的坚决响应、党中央决定的坚决执行、党中央禁止的坚决不做。这“三个看齐”“三个坚决”是政治要求，也是政治纪律，各级党组织和广大党员、干部要树立高度自觉的看齐意识，经常和党中央要求“对表”，看看有没有“慢半拍”的问题，有没有“时差”的问题，有没有“看不齐”的问题，主动进行调整、纠正、校准。

“四个意识”是一个意蕴深刻、相互联系的有机整体，集中体现了根本的政治方向、政治立场、政治要求，是检验党员、干部政治素养的基本标准。增强“四个意识”、自觉维护习近平总书记的核心地位，对于维护党中央权威、维护党的团结和集中统一领导，对全党全军全国各族人民更好凝聚力量抓住机遇、战胜挑战，对全党团结一心、不忘初心、继续前进，对保证党和国家兴旺发达、长治久安，具有十分重大的意义。

党的领导是中国特色社会主义制度的最大优势，加强党的领导的关键是坚持中央集中统一领导。只有增强政治意识、大局意识、核心意识、看齐意识，自觉在思想上政治上行动上同中央保持高度一致，才能使党更加团结统一、坚强有力，始终成为中国特色社会主义事业的坚强领导核心。

ao núcleo dirigente e defender em ações o núcleo dirigente. Reforçar a consciência sobre o núcleo dirigente requer persistir sempre e fortalecer efetivamente a direção do Partido, especialmente a direção centralizada e unificada do Comitê Central, unir-se mais estreitamente em torno do Comitê Central com o camarada Xi Jinping como núcleo, defender mais firmemente a autoridade central do Partido, manter-se em unanimidade com o Comitê Central do Partido nos aspectos ideológico e político e nas ações, cumprir as tarefas incumbidas pelo Comitê Central e garantir que o Partido seja sempre o firme núcleo dirigente da causa do socialismo com características chinesas.

A consciência sobre o alinhamento requer alinhar-se ao Comitê Central do Partido, alinhar-se às teorias, linhas e diretrizes e alinhar-se às disposições do Partido, de modo a responder firmemente à demanda do Comitê Central, cumprir firmemente as decisões do Comitê Central e se recusar firmemente a fazer coisas proibidas pelo Comitê Central do Partido. Esses três "alinhar-se" e três "firmemente" constituem demandas e disciplinas políticas. As organizações partidárias, os militantes e os quadros dirigentes do Partido de todos os níveis devem se conscientizar plenamente sobre o alinhamento, refletir sempre as exigências do Comitê Central para verificar se existem ou não problemas como "resposta lenta", "atraso" e "não alinhamento" e para ajustar, corrigir e acertar oportunamente.

As quatro consciências são um todo organicamente conectado com significado profundo, abrangendo plenamente a direção, posição e exigência políticas fundamentais, sendo por isso os critérios básicos para examinar a ética dos militantes e quadros dirigentes do Partido. Reforçar as quatro consciências e defender conscientemente a autoridade nuclear do secretário-geral Xi Jinping são de grande significado para defender a autoridade do Comitê Central, a unidade e a direção centralizada e unificada do Partido, para todo o Partido, todo o Exército e o povo de todas as etnias do país concentrar suas forças, agarrar as oportunidades e enfrentar os desafios, para todo o Partido se unir, manter-se fiel à aspiração inicial e continuar a avançar e para garantir a prosperidade, o desenvolvimento e a estabilidade do Partido e do Estado por muito tempo.

A liderança do Partido é a maior superioridade do sistema socialista com características chinesas, e a chave para seu fortalecimento consiste em persistir na liderança centralizada e unificada do seu Comitê Central. Somente dotado fortemente das "quatro consciências" e trabalhando de maneira altamente uníssona e em sincronia com o Comitê Central, o Partido será mais unido, firme e poderoso, e funcionará como o núcleo dirigente da causa do socialismo com características chinesas.

打铁必须自身硬

2012年11月15日，习近平在人民大会堂同采访中共十八大的中外记者见面时，提出“打铁还需自身硬”。中共十九大报告进一步提出“打铁必须自身硬”。中国共产党作为执政党，就是要带领人民把国家建设得更好，让人民生活得更好。要肩负起这个使命，中国共产党就必须加强自身建设，保持自身的先进性和纯洁性，保持同人民群众的血肉联系，不断提高领导水平和执政水平，不断提高拒腐防变和抵御风险能力，不断提高科学执政、民主执政、依法执政水平，更好地为人民服务。不全面从严治党，党就做不到“打铁必须自身硬”，也就难以发挥好领导核心作用。“打铁必须自身硬”，硬就硬在中国共产党人有着坚定的理想信念。党要团结带领人民进行伟大斗争、推进伟大事业、实现伟大梦想，必须毫不动摇坚持和完善党的领导，毫不动摇把党建设得更加坚强有力。

"Para malhar o ferro, o ferreiro tem que ser mais forte"

"Para malhar o ferro, o ferreiro precisa ser forte". Xi Jinping citou este dito popular no dia 15 de novembro de 2012, no Grande Palácio do Povo, no encontro com jornalistas chineses e estrangeiros que cobriam o 18º Congresso Nacional do PCCh. O relatório do 19º Congresso Nacional do PCCh desenvolveu essa citação dizendo: "Para malhar o ferro, o ferreiro tem que ser mais forte". O PCCh, como o partido no poder na China, assume a missão de dirigir o povo na construção do país e de melhorar a vida do povo. Para honrar essa missão, o Partido deve fortalecer sua própria construção, manter sua pureza e natureza de vanguarda e manter relações estreitas, como unha e carne, com as massas populares. O Partido precisa melhorar a governança e sua arte de liderar, elevar a capacidade de resistência à corrupção, à degeneração e aos riscos, e aperfeiçoar a governança científica e democrática em conformidade com a lei, a fim de servir melhor o povo. Sem a administração do Partido, com disciplina rigorosa em todos os aspectos, o PCCh não poderá se tornar forte o suficiente para desempenhar o papel de dirigente principal. Como o ferreiro deve ser forte, o PCCh deve ser e é forte porque seus militantes possuem ideais e convicções firmes. O Partido tem de unir e liderar o povo para travar mais uma grande luta, promover a grande causa e concretizar o grande sonho. Tem de persistir e aperfeiçoar inabalavelmente sua liderança e fortalecê-la ainda mais.

党的群众路线教育实践活动

开展党的群众路线教育实践活动是中共十八大作出的一项战略决策。2013年5月9日中共中央发出《关于在全党深入开展党的群众路线教育实践活动的意见》。教育实践活动以为民、务实、清廉为主要内容，在全党范围内自上而下分两批开展，从2013年6月开始，2014年10月基本结束。通过开展这次活动，广大党员、干部受到马克思主义群众观点的深刻教育，形式主义、官僚主义、享乐主义和奢靡之风得到有力整治，批评和自我批评的优良传统得以恢复和发扬，以转作风改作风为重点的制度体系更加完善，影响群众切身利益的症结难点取得突破，党的执政基础更加稳固。

Atividades de educação e prática da linha de massas do Partido

As atividades de educação e prática da linha de massas populares do Partido constituem uma decisão estratégica tomada no 18º Congresso Nacional do PCCh. No dia 9 de maio de 2013, o Comitê Central do PCCh emitiu o documento "Opiniões sobre o desenvolvimento das atividades de educação e prática da linha de massas do Partido em todo o Partido". As atividades, tendo como conteúdo principal servir o povo e ser realista e honesto, foram realizadas em duas rodadas no âmbito interno do Partido, iniciadas em junho de 2013 e encerradas em outubro de 2014, indo do nível mais alto para nível mais baixo. Por elas, os militantes e quadros do Partido receberam uma educação profunda sobre o conceito marxista de massas populares. Assim, tem-se tratado efetivamente dos problemas de formalismo, burocratismo, hedonismo e extravagância. Tem-se também desenvolvido a boa tradição de crítica e autocrítica, e aperfeiçoado os mecanismos institucionais destinados a melhorar os estilos de trabalho. Da mesma forma, têm-se resolvido os problemas cruciais que prejudicam os interesses vitais das massas populares e consolidado a base de governança do Partido.

“三严三实”专题教育

“三严三实”是习近平对各级领导干部改进作风提出的要求，即严以修身、严以用权、严以律己，谋事要实、创业要实、做人要实。2015年4月19日，中共中央办公厅印发了《关于在县处级以上领导干部中开展“三严三实”专题教育方案》，对2015年在县处级以上领导干部中开展“三严三实”专题教育作出安排。严以修身，就是要加强党性修养，坚定理想信念，提升道德境界，追求高尚情操，自觉远离低级趣味、自觉抵制歪风邪气。严以用权，就是要坚持用权为民，按规则、按制度行使权力，把权力关进制度的笼子里，任何时候都不搞特权、不以权谋私。严以律己，就是要心存敬畏、勤于自省，遵守党纪国法。谋事要实，就是要从实际出发谋划事业和工作，使点子、政策、方案符合实际情况、符合客观规律、符合科学精神，不好高骛远，不脱离实际。创业要实，就是要脚踏实地、真抓实干，敢于担当责任，勇于直面矛盾，善于解决问题，努力创造经得起实践、人民、历史检验的实绩。做人要实，就是要做老实人、说老实话、干老实事。通过专题教育，推动了政治生态改善，使全面从严治党的氛围更加浓厚、领导干部的标杆作用更加明显。

Campanha educativa sobre as "Três Exigências Rigorosas e Três Condutas Sérias"

As três exigências rigorosas e as três condutas sérias são requisitos propostos por Xi Jinping para os quadros dirigentes de todos os níveis melhorarem seu estilo de trabalho, em especial para serem rigorosos no autoaperfeiçoamento, no exercício do poder e na autodisciplina e, ao mesmo tempo, serem sérios no planejamento, na criação de novos empreendimentos e na defesa da integridade pessoal. Em 19 de abril de 2015, o Gabinete do Comitê Central do PCCh publicou o *"Projeto da Campanha de Educação sobre as 'Três Exigências Rigorosas e Três Condutas Sérias' nos Quadros Dirigentes do Partido Acima de Nível Distrital"*, tendo programado essa campanha educativa entre os respectivos quadros no ano de 2015.

Para serem rigorosos no autoaperfeiçoamento, os quadros dirigentes do Partido devem fortalecer a preservação do espírito do Partido, consolidar seus ideais e convicções, elevar o nível do estado moral, buscar sentimentos nobres, afastar-se conscientemente dos gostos vulgares e rejeitar, por vontade própria, as influências nocivas. Para serem rigorosos no exercício do poder, devem insistir em exercer o poder pelo povo em conformidade com as leis e regulamentos, enquadrar o poder dentro da jaula institucional e em nenhum momento procurar privilégios ou utilizar o poder em busca de interesses próprios. Para serem rigorosos na autodisciplina, devem manter o respeito e temor à disciplina e às leis, autoavaliar-se sempre e cumprir a disciplina do Partido e as leis do Estado. Para serem sérios no planejamento, os quadros dirigentes do Partido devem tomar a realidade como base, garantindo que as ideias, políticas e projetos correspondam às condições próprias, às leis objetivas e ao espírito científico, em vez de serem demasiado ambiciosos ou se afastarem da realidade. Para serem sérios nos novos empreendimentos, devem fincar os pés no chão e trabalhar com eficácia; ter coragem de assumir responsabilidades, encarar as contradições e saber resolver os problemas, para obter resultados que possam passar pelas provas da prática, do povo e da história. Para serem sérios na defesa da integridade pessoal, eles devem ser sinceros, falar e agir com honestidade. Fortalecendo a administração do Partido com disciplina rigorosa em todos os aspectos e evidenciando o papel exemplar dos quadros dirigentes, esta campanha de educação promoveu a melhora do ambiente político.

"两学一做"学习教育

2016年2月，中共中央办公厅印发了《关于在全体党员中开展"学党章党规、学系列讲话，做合格党员"学习教育方案》，决定在全体党员中开展"两学一做"学习教育，以"学党章党规、学系列讲话，做合格党员"为主要内容，以尊崇党章、遵守党规为基本要求，以用习近平系列重要讲话精神武装全党为根本任务，强调"基础在学、关键在做"，着力解决党员队伍在思想、组织、作风、纪律等方面存在的突出问题。2017年3月，中办印发《关于推进"两学一做"学习教育常态化制度化的意见》，持续推动全面从严治党突出"关键少数"并向基层延伸，使"两学一做"成为党员教育的基本内容。开展"两学一做"学习教育，是加强中国共产党思想政治建设的一项重大部署，是面向全体党员深化党内教育的重要实践，是推动全面从严治党向基层延伸的重要举措。

Campanha educativa "Dois Estudos e Uma Atuação"

Em fevereiro de 2016, o Gabinete do Comitê Central do PCCh emitiu o projeto "Estudar o Estatuto e as Regras do Partido e Estudar Uma Série de Discursos do Secretário-Geral para Ser Militante Qualificado do Partido", decidindo lançar a campanha educativa "Dois Estudos e Uma Atuação" para seus militantes, tendo centrado principalmente em estudar os documentos supracitados. A campanha educativa exige de todo o Partido o cumprimento do Estatuto e regras partidárias, e visa armar os militantes com os princípios formulados por Xi Jinping em seus discursos, enfatizando a importância básica de estudá-los e a relevância crucial de aplicá-los a fim de resolver os problemas de ideologia, organização, conduta e disciplina surgidos entre os quadros dirigentes. Em março de 2017, o Gabinete do Comitê Central do PCCh publicou as Opiniões sobre Promoção Regular e Institucionalizada da Campanha Educativa "Dois Estudos e Uma Atuação" com o fim de promover a administração integral e rigorosa do Partido e estender os esforços nesse sentido às entidades de base e, ao mesmo tempo, dar especial atenção à "minoria em posição-chave", além de introduzir os conteúdos desta campanha na educação dos militantes como parte fundamental. A campanha "Dois Estudos e Uma Atuação" reveste-se de grande importância para reforçar o desenvolvimento ideológico e político do Partido, sendo uma prática educativa partidária voltada para todos os militantes e uma medida para ampliar os esforços pela promoção da administração integral e rigorosa do Partido pelas entidades de base.

新时期好干部标准

2013年6月28日，习近平在全国组织工作会议上，提出了“好干部”的“五条标准”：即信念坚定、为民服务、勤政务实、敢于担当、清正廉洁。信念坚定，要求干部不断加强党性修养，时刻用党章、用中共党员标准要求自己，树立正确的世界观、人生观、价值观，坚定共产主义远大理想，为中国特色社会主义而奋斗。为民服务，要求干部密切联系群众，深入基层、深入实际、深入群众，想问题、做决策、干工作，都要以人民群众为导向，时刻践行全心全意为人民服务的宗旨，并以此为标准衡量自己所作所为的价值所在。勤政务实，要求干部认真学习马克思主义理论特别是中国特色社会主义理论体系，丰富知识储备，完善知识结构，打牢履职尽责的知识基础，以求真务实、真抓实干的精神，着力解决群众最关心、反映最强烈的问题。敢于担当，要求干部坚持原则、认真负责，敢于担负重任，敢于改革创新，身先士卒、率先垂范，为人民群众的利益牺牲自己。清正廉洁，要求干部时刻自省自励，老实做人，踏实做事，清白为官，永葆共产党员的纯洁本色，做到高压线不碰、红线不越、底线不丢。近年来，上述五条标准得到了很好地贯彻执行，中国的选人用人状况和风气明显好转。

Critérios para bons quadros na nova era

No discurso proferido na Conferência Nacional de Trabalho Organizacional, realizada em 28 de junho de 2013, Xi Jinping apresentou os seguintes cinco critérios para ser um bom quadro do Partido: ser firme em suas convicções, servir o povo, trabalhar de forma diligente e pragmática, ser responsável e manter-se honesto e íntegro. Ser firme em suas convicções significa que os quadros devem aperfeiçoar sua formação em relação ao espírito do Partido; ser exigentes consigo mesmos em conformidade com o Estatuto do Partido e os critérios para ser um militante do PCCh; manter o correto conceito de mundo, de vida e de valor; persistir no grande ideal do comunismo e empenhar-se na luta pelo socialismo com características chinesas. Servir o povo significa que os quadros devem estar estreitamente ligados ao povo, enraizados nas unidades de base, na realidade e nas massas populares, tendo-as como sua orientação ao se debruçar sobre os problemas; tomar decisões e realizar seus trabalhos cumprindo assim o propósito de servir o povo de todo o coração e utilizando-o como critério para avaliar o seu desempenho. Trabalhar de forma diligente e pragmática significa que os quadros devem estudar de forma séria as teorias marxistas e os ricos conhecimentos do sistema teórico do socialismo com características chinesas para acumular mais conhecimento e melhorar a estrutura desse conhecimento, consolidando assim a base de conhecimento para o exercício das suas funções. Ao mesmo tempo, devem se dedicar a buscar a verdade nos fatos e ser realistas e pragmáticos, ter atitude firme e ações concretas, e devem se empenhar para resolver os problemas de maior preocupação e de maior reclamação das massas populares. Ser responsável significa que os quadros devem persistir nos princípios; assumir suas responsabilidades; assumir as duras tarefas e realizar reformas e inovações, sendo pioneiros e servindo de exemplos para os outros. Eles devem, inclusive, se sacrificar em benefício do povo. Manter-se honesto e íntegro significa que os quadros devem se autoavaliar e se encorajar sempre, ser honestos, trabalhar seriamente e exercer a função pública de forma íntegra, defendendo a natureza pura dos militantes do Partido Comunista, de modo a não tocar a "linha de alta tensão", não cruzar os limites definidos e não se esquecer dos princípios fundamentais. Nos últimos anos, esses cinco critérios foram bem observados e cumpridos, melhorando notavelmente o processo de seleção e uso de quadros no país.

钉钉子精神

在2013年2月召开的中共十八届二中全会上，习近平首次对钉钉子精神进行了详细阐述：我们要有钉钉子的精神，钉钉子往往不是一锤子就能钉好的，而是要一锤一锤接着敲，直到把钉子钉实钉牢，钉牢一颗再钉下一颗，不断钉下去，必然大有成效。如果东一榔头西一棒子，结果很可能是一颗钉子都钉不上、钉不牢。此后习近平多次强调钉钉子精神。钉钉子精神就是要真抓实干，要求做实做细做好各项工作，其蕴含的是知行合一、务实重行的理念，攻坚克难、敢于担当的信念。发扬钉钉子精神既是一种工作方法，更是一种工作态度。

Espírito de "pregar pregos"

Na segunda sessão plenária do 18º Comitê Central do PCCh, realizada em fevereiro de 2013, Xi Jinping apresentou, pela primeira vez, o espírito de "pregar pregos". Segundo Xi, devemos ter o espírito de pregar pregos, pois, muitas vezes, um prego não pode ser fixado com uma única martelada, mas necessita de várias batidas até que ele seja fixado firmemente. É necessário pregar um após o outro para que se tenha um bom resultado. Ao pregarmos um prego, se não nos focarmos em um único ponto, provavelmente não conseguiremos colocá-lo ou não conseguiremos fixá-lo bem. Desde então, Xi Jinping ressaltou repetidamente o espírito de "pregar pregos". O espírito de "pregar pregos" consiste em fazer todos os trabalhos de forma pragmática, esmerada e efetiva, integrar o conhecimento e a prática e ter coragem para apoiar e assumir os trabalhos duros com responsabilidade. Desenvolver o espírito de "pregar pregos" é um método de trabalho e, ao mesmo tempo, reflete uma atitude no trabalho.

中央八项规定

2012年12月4日，中央政治局召开会议，确定了关于改进工作作风、密切联系群众的八项规定。主要内容是：改进调查研究，到基层调研要深入了解真实情况；精简会议活动，切实改进会风；精简文件简报，切实改进文风；规范出访活动；改进警卫工作，坚持有利于联系群众的原则；改进新闻报道；严格文稿发表；厉行勤俭节约，严格遵守廉洁从政有关规定。八项规定既不是最高标准，更不是最终目的，只是中共改进作风的第一步，是共产党人应该做到的基本要求。习近平强调，“各级领导干部要以身作则、率先垂范，说到的就要做到，承诺的就要兑现，中央政治局同志从我本人做起。”中央八项规定之后，关于作风建设的一系列措施陆续出台。

Os "oito requisitos" do Comitê Central do PCCh

Em reunião realizada no dia 4 de dezembro de 2012, o Birô Político do Comitê Central do PCCh formulou os "oito requisitos" para melhorar o estilo de trabalho e manter os laços estreitos com as massas populares. Trata-se de oito aspectos principais: melhorar os trabalhos de pesquisa e adentrar nas entidades de base para conhecer a situação real; reduzir o número de reuniões e otimizar reuniões; simplificar os documentos e boletins e melhorar o estilo de escrita; regulamentar as visitas; melhorar os trabalhos de segurança e persistir no princípio de ligar-se com as massas populares; melhorar os trabalhos da imprensa; adotar um controle rigoroso sobre a publicação de artigos dos seus quadros; e praticar com rigor as regras de diligência, temperança e frugalidade no exercício das funções administrativas. Os "oito requisitos" não são os critérios máximos nem os objetivos finais. Eles constituem apenas o primeiro passo dado pelo PCCh para melhorar seu estilo de trabalho e as exigências básicas que os comunistas devem observar. Xi Jinping salientou: "Os quadros dirigentes de todos os níveis devem servir de exemplo para os outros, fazer o que dizem e cumprir o que prometem. No Birô Político do Comitê Central, isso deve começar por mim mesmo". Uma série de medidas sobre a melhora do estilo de trabalho foi lançada, seguindo os "oito requisitos" do Comitê Central do Partido.

"四风"

2013年6月，习近平在党的群众路线教育实践活动工作会议上指出，党内脱离群众的现象大量存在，集中表现在形式主义、官僚主义、享乐主义和奢靡之风这"四风"上。提出要对作风之弊、行为之垢来一次大排查、大检修、大扫除。形式主义、官僚主义、享乐主义和奢靡之风这"四风"与中国共产党的性质和宗旨相违背，是群众深恶痛绝、反映最强烈的问题，也是损害党群干群关系的重要根源。党内存在的其他问题都与这"四风"有关，或者是这"四风"衍生出来的。解决"四风"问题，需要从群众最关心、最迫切的问题入手，着力解决关系群众切身利益的问题，解决群众身边的不正之风问题，把改进作风的成效落实到基层，真正让群众受益，努力取得人民群众满意的实效。

As "quatro condutas nocivas"

Na reunião sobre Atividades de Educação e Prática da Linha de Massas do Partido, realizada em junho de 2013, Xi Jinping apontou que os casos de separação das massas populares eram muito comuns entre os quadros do Partido e que os principais problemas se deviam ao formalismo, burocratismo, hedonismo e extravagância, ou seja, às "quatro condutas nocivas". Ele disse que é necessário fazer um exame completo, um grande reparo e uma grande faxina para eliminar os males e as condutas nocivas. O formalismo, burocratismo, hedonismo e extravagância, as "quatro condutas nocivas", são contrárias à natureza e aos objetivos do PCCh e são problemas que o povo abomina e cobra mais veementemente. São também uma raiz importante que prejudica as relações entre o Partido e as massas populares e entre os quadros e as massas. Os outros problemas existentes dentro do Partido relacionam-se com essas quatro condutas ou são derivados delas. Para combater as "quatro condutas nocivas", é preciso focar-se nos problemas mais urgentes e de maior preocupação das massas populares e empenhar-se em resolver as questões de interesse vital das mesmas, bem como os problemas de conduta nociva que as afetam. É preciso permitir que as entidades de base desfrutem dos resultados de melhora do estilo de trabalho e que as massas populares sejam verdadeiramente beneficiadas, permitindo assim que o povo tenha um maior sentimento de satisfação.

党的政治纪律和政治规矩

中国共产党作为马克思主义政党，讲政治是突出的特点和优势。党的政治纪律是指在各个不同时期，根据党的政治任务要求，对各级党组织和党员的政治活动和政治行为的基本约束，是各级党组织和党员在政治生活中必须遵守的行为准则。政治纪律的基本要求是：各级党组织和党员，必须在政治原则、政治立场、政治观点和路线、方针、政策上同中央保持高度一致。2015 年 1 月 13 日，习近平在十八届中央纪委第五次全会上正式提出了“政治规矩” 一词。党内规矩是党的各级组织和全体党员必须遵守的行为规范和规则。党的规矩包括：第一，党章是全党必须遵循的总章程，也是总规矩。第二，党的纪律是刚性约束，政治纪律更是全党在政治方向、政治立场、政治言论、政治行动方面必须遵守的刚性约束。第三，国家法律是党员、干部必须遵守的规矩，法律是党领导人民制定的，全党必须模范执行。第四，党在长期实践中形成的优良传统和工作惯例，也需要很好地遵守。在所有党的纪律和规矩中，政治纪律和政治规矩排在第一位。

As disciplinas e regras políticas do Partido

O PCCh, como um partido marxista, dá grande importância à política, sendo esta uma característica e uma superioridade relevante dele. As disciplinas políticas do Partido residem nos requisitos básicos formulados conforme as tarefas políticas do Partido em diferentes épocas para as organizações de todos os níveis e os militantes do Partido nas atividades e ações políticas, sendo as normas de conduta que todas as organizações e militantes partidários devem cumprir em sua vida política. As disciplinas políticas do Partido exigem, basicamente, que as organizações dos diversos níveis e os militantes do Partido se mantenham unânimes com o Comitê Central do PCCh tanto no princípio, posição e conceitos políticos como nas linhas, diretrizes e políticas do Partido. Xi Jinping apresentou oficialmente o termo "regras políticas" no discurso proferido no dia 13 de janeiro de 2015 durante a 5ª sessão plenária da Comissão Central de Inspeção Disciplinar eleita no 18º Congresso Nacional do PCCh. As regras partidárias são normas de conduta que as organizações do Partido de todos os níveis e todos os quadros do Partido devem cumprir. As regras do Partido incluem quatro aspectos: primeiro, o Estatuto do Partido, como regra geral que todo o Partido deve seguir; segundo, as disciplinas partidárias, como restrições estritas cujas disciplinas políticas são restrições estritas que todo o Partido deve respeitar quanto a suas orientações, posições, palavras e ações; terceiro, as leis do Estado, como regras que os militantes e os quadros do Partido devem respeitar, pois as leis são estabelecidas pelo Partido e pelo povo por ele dirigido que deve servir como exemplo no cumprimento das mesmas; e quarto, as boas tradições e práticas acumuladas pelo PCCh, que devem ser observadas muito bem. De todas as disciplinas e regras do Partido, as disciplinas e regras políticas são as mais importantes.

反腐败无禁区、全覆盖、零容忍

勇于自我革命，从严管党治党，是中国共产党最鲜明的品格。中共十八大以来，面对纷繁复杂的国际国内形势和千头万绪的各领域工作，中央始终把党要管党、从严治党的政治责任扛在肩上，始终以强烈的历史责任感、深沉的使命忧患意识和顽强的意志品质，旗帜鲜明地推进党风廉政建设和反腐败斗争，坚持无禁区、全覆盖、零容忍，严肃查处腐败分子，坚决遏制腐败现象蔓延势头，着力营造不敢腐、不能腐、不想腐的政治氛围。当前，不敢腐的目标初步实现，不能腐的笼子越扎越牢，不想腐的堤坝正在构筑。

A luta contra a corrupção requer a inexistência de zonas proibidas, cobertura total e tolerância zero

Ousar fazer a autorrevolução e ser rigoroso na administração do Partido constituem o carácter distinto do PCCh. Desde o 18º Congresso Nacional do PCCh, frente à situação complexa interna e externa e aos inúmeros trabalhos em todas as áreas, o Comitê Central sempre assumiu a missão política de que o Partido deve deve ter uma autoadministração com disciplina rigorosa. E vem promovendo a melhora do estilo de trabalho do Partido, a defesa da integridade e a luta contra a corrupção, com um senso forte de responsabilidade e de missão histórica e uma determinação firme. O Comitê Central do Partido persiste em não ter zonas proibidas, na cobertura total e tolerância zero, investigando e punindo severamente os corruptos e contendo resolutamente a propagação do fenômeno da corrupção, de modo a criar uma atmosfera política em que ninguém se atreva, nem possa ou queira se corromper. Atualmente está basicamente alcançada a meta de não se atrever a cometer a corrupção, enquanto a jaula institucional para que não se possa cometer a corrupção está cada dia mais forte e as barreiras para não querer cometer a corrupção estão sendo construídas.

“打虎”“拍蝇”“猎狐”

“老虎”喻指位居高层的腐败官员，“苍蝇”指身处基层的腐败官员，“狐狸”则指一些涉嫌犯罪的外逃国家工作人员和重要腐败案件涉案人。中共十八大以来，中央以“不得罪腐败分子，就要得罪13亿人民”的巨大政治勇气和历史担当，坚持反腐败无禁区、全覆盖、零容忍，“打虎”“拍蝇”“猎狐”不手软，在清理群众身边腐败的同时，在海外布下天罗地网追逃追赃，肃清“避罪天堂”，交出沉甸甸的成绩单。

"Caçar os tigres", "esmagar as moscas" e "capturar as raposas"

"Tigres" se referem aos funcionários corruptos de alto escalão. "Moscas" se referem aos funcionários corruptos no nível de base. "Raposas" se referem aos funcionários e interessados que fugiram para o exterior suspeitos de cometer ou de estarem envolvidos em grandes casos de corrupção. Desde o 18º Congresso Nacional do PCCh, o Comitê Central do Partido, com grande coragem política e responsabilidade histórica, e sabendo que não punir os corruptos é desagradar o povo de mais de 1,3 bilhão de pessoas, persistiu na cobertura total na luta de "caçar os tigres", aplicar o princípio de inexistência de zonas proibidas na luta contra a corrupção e manter a tolerância zero em "esmagar as moscas", tendo obtido grandes resultados também nas operações realizadas no exterior de "capturar raposas" com repatriação de bens roubados encontrados no exterior, fazendo com que os corruptos não pudessem se esconder em "paraísos para fugirem de seus crimes".

反腐败斗争压倒性胜利

在中国，人民群众最痛恨腐败现象，腐败是中国共产党面临的最大威胁。只有以反腐败永远在路上的坚韧和执着，深化标本兼治，保证干部清正、政府清廉、政治清明，才能跳出历史周期率，确保党和国家长治久安。当前，反腐败斗争形势依然严峻复杂，巩固压倒性态势、夺取压倒性胜利的决心必须坚如磐石。中共十九大报告指出，坚持无禁区、全覆盖、零容忍，坚持重遏制、强高压、长震慑，坚持受贿行贿一起查，坚决防止党内形成利益集团；在市县党委建立巡察制度，加大整治群众身边腐败问题力度；不管腐败分子逃到哪里，都要缉拿归案、绳之以法；推进反腐败国家立法，建设覆盖纪检监察系统的检举举报平台；强化不敢腐的震慑，扎牢不能腐的笼子，增强不想腐的自觉，通过不懈努力换来海晏河清、朗朗乾坤。

Conquistar a vitória esmagadora no combate à corrupção

Na China, os fenômenos de corrupção, que as massas populares mais odeiam, constituem a maior ameaça que nosso Partido enfrenta. Só poderemos escapar do círculo histórico e garantir a paz e a estabilidade duradouras ao Partido e ao país quando persistirmos com tenacidade e perseverança na luta anticorrupção que está sempre em curso, aprofundarmos o tratamento simultâneo tanto do superficial como do essencial e assegurarmos que os quadros sejam honestos e retos, o governo se mantenha limpo e a integridade política seja preservada. Atualmente, o combate à corrupção permanece severo e complexo. Por isso, é preciso manter a firme determinação para consolidar o ímpeto avassalador e conquistar a vitória esmagadora. O relatório do 19º Congresso Nacional do PCCh afirmou que é preciso persistir nos princípios de inexistência de zonas proibidas, cobertura total e tolerância zero, manter a forte contenção, a alta pressão e a dissuasão por longo tempo, investigar tanto a corrupção ativa como a corrupção passiva e prevenir a formação de grupos de interesses no interior do Partido. É preciso estabelecer o sistema de inspeção nos comitês do Partido nas esferas municipal e distrital para aumentar a intensidade do combate e punição contra os casos de corrupção que se verificam mais próximos do povo. Para onde quer que os corruptos fujam, serão perseguidos, capturados e levados à Justiça. É preciso impulsionar a legislação nacional sobre o combate à corrupção e criar canais de denúncias e participações que cubram os sistemas de inspeção disciplinar e supervisão. É preciso também intensificar a dissuasão para que ninguém se atreva a cometer corrupção, trancar a "jaula institucional" para que não seja possível cometê-la e aumentar a consciência para que não se queira cometer corrupção, de modo a construir com esforços incansáveis um brilhante futuro limpo e livre da corrupção.

把权力关进制度的笼子

2013年1月，习近平在十八届中央纪委二次全会上强调，加强对权力运行的制约和监督，把权力关进制度的笼子里，形成不敢腐的惩戒机制、不能腐的防范机制、不易腐的保障机制。制度问题更带有根本性、全局性、稳定性、长期性。用制度管权，就是要把权力关进制度的笼子里。把权力关进制度的笼子里，首先要建好笼子。必须抓住治权这个关键，编密扎紧制度的笼子，按照决策、执行、监督既相互制约又相互协调的原则区分和配置权力，构建严密的权力运行制约和监督体系。必须让人民监督权力，努力形成科学有效的监督体系，增强监督合力和实效；让权力在阳光下运行，推进权力运行公开化、规范化，完善党务公开、政务公开、司法公开和各领域办事公开制度；建立权力清单、实行权责对应，坚持有权就有责，失职要问责；反对特权思想、特权现象，决不允许以权谋私，决不允许搞特权。

O poder deve ser enquadrado pelo sistema

No discurso proferido em janeiro de 2013 na 2ª sessão plenária da Comissão Central de Inspeção Disciplinar eleita no 18º Congresso Nacional do PCCh, Xi Jinping enfatizou que devemos reforçar o controle e a supervisão sobre o funcionamento do poder e enquadrá-lo institucionalmente, formando assim um mecanismo punitivo para deter a corrupção, um mecanismo de advertência para preveni-la e um mecanismo de resistência à mesma. A questão institucional implica problemas fundamentais, gerais, contínuos e permanentes. Controlar o poder por meio do sistema é justamente como enquadrar o poder numa "jaula" institucional. Para esse fim, a prioridade é forjar uma "jaula boa". É preciso focar-se na administração do poder e formar uma jaula institucional efetiva. É importante distinguir e dispor o poder conforme o princípio de restrição e coordenação mútua entre os atos de decisão, execução e supervisão, criando assim um mecanismo estrito de controle e supervisão do exercício do poder. O poder deve ser supervisionado pelo povo. É preciso criar um mecanismo de supervisão científico e eficaz para fortalecer o efeito e a eficiência da supervisão. É preciso exercer o poder de forma transparente, promovendo a publicidade e a regularidade no exercício, e melhorar a transparência nos trabalhos do Partido, das políticas, da Justiça e de todas as outras áreas. É preciso estabelecer um sistema de listas de poderes e implementar a correspondência de poder e responsabilidade para que quem atua com o poder seja responsável e para que os omissos sejam responsabilizados. Devem-se combater ideias e atos que buscam por privilégios. Jamais permitiremos o uso do poder em troca de interesses pessoais e privilégios.

巡视制度

巡视制度是中国共产党党内的一项重要制度，是指中央和省、自治区、直辖市党委，通过建立专门巡视机构，按照有关规定对下级党组织领导班子及其成员进行监督的制度。2003年，巡视制度以党内法规的形式被确定为党内监督的十项制度之一；2007年，中共十七大把巡视制度写入党章；2009年，中央颁布《中国共产党巡视工作条例（试行）》；2015年8月，中央印发《中国共产党巡视工作条例》；2017年5月，中央政治局审议《关于修改〈中国共产党巡视工作条例〉的决定》，并于7月1日正式颁布。按照规定，巡视工作坚持中央统一领导、分级负责；坚持实事求是、依法依规；坚持群众路线、发扬民主；开展巡视工作的党组织承担巡视工作的主体责任；巡视组的主要工作职责是对下级党组织领导班子及其成员进行监督；巡视的方式有专项巡视、“回头看”、“机动式”巡视等。中共十八大以来，中央组织了多轮巡视，实现中央和省级党委全覆盖，巡视利剑作用突显。实践证明，巡视制度是有效的、管用的。巡视工作成为党风廉政建设和反腐败斗争的重要平台，是党内监督与群众监督相结合的重要方式，是上级党组织对下级党组织监督的重要抓手，为全面从严治党提供了有力支撑。

O sistema de inspeção

O sistema de inspeção é um importante sistema implementado internamente no PCCh pelo qual o Comitê Central do Partido e seus comitês das províncias, regiões autônomas e municípios diretamente subordinados ao governo central visam exercer supervisões sobre os grupos e membros diretores das organizações do Partido de níveis inferiores por meio de órgãos especiais formados para agir segundo determinadas normas. Em 2003, o sistema de inspeção foi definido como um dos 10 sistemas supervisionais do Partido por meio de seu regulamento. Em 2007, o sistema de inspeção foi incluído no Estatuto do Partido durante o 17º Congresso Nacional do PCCh. Em 2009, o Comitê Central do PCCh promulgou o piloto dos "Regulamentos do PCCh sobre os Trabalhos de Inspeção", efetivamente emitido em agosto de 2015. Em maio de 2017, o Birô Político do Comitê Central do Partido deliberou sobre o documento "Decisão sobre a revisão dos regulamentos do PCCh sobre os trabalhos de inspeção", promulgado em 1º de julho do mesmo ano. Segundo os regulamentos, os trabalhos de inspeção são liderados unificadamente pelo Comitê Central do Partido e são de responsabilidade dos comitês dos diversos níveis. Os trabalhos persistem no princípio de buscar a verdade nos fatos e observar as leis e os regulamentos do Partido, seguindo a linha de massas e a democracia. As organizações do Partido que realizam as inspeções devem assumir a responsabilidade principal pelos trabalhos, e as equipes de inspeção têm como missão principal supervisionar os grupos e membros diretores das organizações do Partido de níveis inferiores. As formas de inspeção são: inspeção especial, reinspecção, inspeção aleatória etc. Desde o 18º Congresso Nacional do PCCh, o Comitê Central organizou diversas rodadas de inspeção, com efeitos de espada afiada que produz resultados evidentes, conseguindo concretizar a cobertura total desde o Comitê Central até os comitês em nível provincial. As práticas provam que o sistema de inspeção é eficaz e frutífero. Os trabalhos de inspeção servem como importante meio para melhorar o estilo de trabalho do Partido, defender a integridade e lutar contra a corrupção, e são uma importante ferramenta com duplas supervisões feitas no interior do Partido e pelas massas populares, sendo também uma chave para as organizações superiores realizarem suas supervisões sobre as inferiores, fornecendo forte apoio à administração rigorosa do Partido em todos os aspectos.

全面增强执政本领

中共十九大报告中指出，领导13亿多人的社会主义大国，既需政治过硬，也要本领高强。这是中国共产党站在新时代推进中国特色社会主义伟大事业的高度，对提高党的政治能力和领导水平提出的新要求。全面增强执政本领的举措包括：增强学习本领，建设马克思主义学习型政党，推动建设学习大国；增强政治领导本领，科学制定和坚决执行党的路线方针政策，把党总揽全局、协调各方落到实处；增强改革创新本领，善于结合实际创造性推动工作，善于运用互联网技术和信息化手段开展工作；增强科学发展本领，善于贯彻新发展理念，不断开创发展新局面；增强依法执政本领，加快形成党内法规制度体系，加强和改善对国家政权机关的领导；增强群众工作本领，创新群众工作体制机制和方式方法，推动群团组织增强政治性、先进性、群众性；增强狠抓落实本领，坚持雷厉风行和久久为功相结合，以钉钉子精神做实做细做好各项工作；增强驾驭风险本领，健全风险防控机制，勇于战胜前进道路上的各种艰难险阻。

Fortalecer integralmente a habilidade de governar

O relatório do 19º Congresso Nacional do PCCh indicou que nosso Partido precisa ser politicamente qualificado e dotado de excelentes habilidades para dirigir o grande país socialista com uma população de mais de 1,3 bilhão de habitantes. Isso se trata das novas exigências apresentadas pelo PCCh sobre sua capacidade política e nível de liderança para promover a grande causa de socialismo com características chinesas na nova era. As medidas para a melhora integral das habilidades de governança incluem: melhorar a habilidade de estudo para construir um partido marxista de caráter estudioso e promover a construção de um país também de caráter estudioso; melhorar a habilidade de liderança política, elaborar de maneira científica e aplicar com firmeza a linha, os princípios e as políticas do Partido para poder controlar a situação no geral e coordenar os esforços de todas as partes; melhorar a habilidade de reforma e inovação para ser capaz de impulsionar os trabalhos de forma criativa e conectada com a realidade, e aproveitar as tecnologias da internet e da informação nos seus trabalhos; melhorar a habilidade de desenvolvimento científico para sermos capazes de implementar os novos conceitos de desenvolvimento e abrir sucessivamente novos panoramas de desenvolvimento; melhorar a habilidade de governança conforme a lei para acelerar o estabelecimento de um sistema de leis e regulamentos dentro do Partido e reforçar e aperfeiçoar a liderança sobre os órgãos de poder estatal; melhorar a habilidade de efetuar o trabalho relacionado às massas populares para inovar os sistemas, mecanismos, formas e métodos desse trabalho, bem como estimular as organizações de massas a reforçarem o caráter político, avançado e de massas; melhorar os esforços para levar adiante os trabalhos, combinar organicamente a forma de agir, imediata e determinadamente, com a forma de trabalhar constantemente empenhado, e realizar todos os trabalhos com o "espírito de pregar pregos" e de forma pragmática, esmerada e efetiva. Para melhorar a habilidade de controlar os riscos, temos de aperfeiçoar os mecanismos de prevenção e controle dos riscos e ter coragem para superar as dificuldades e obstáculos à nossa frente.

七、贯彻新发展理念，建设现代化经济体系

VII. Implementar os novos conceitos de desenvolvimento e construir um sistema econômico modernizado

稳中求进工作总基调

中共十八大以来，习近平在国内外多个场合谈及“稳中求进工作总基调”，近几年的中央经济工作会议也都将稳中求进作为第二年工作的总基调。2016年12月，中央经济工作会议强调稳中求进工作总基调是治国理政的重要原则，也是做好经济工作的方法论。坚持稳中求进工作总基调，“稳”的重点要放在稳住经济运行上，确保增长、就业、物价不出现大的波动，确保金融不出现区域性系统性风险。“稳”是主基调，是大局，必须在“稳”的前提下在关键领域有所进取，在把握好度的前提下奋发有为。“进”的重点要放在调整经济结构和深化改革开放上，确保转变经济发展方式和创新驱动发展取得新成效。“稳”和“进”相互促进、经济社会平稳，才能为调整经济结构和深化改革开放创造稳定宏观环境；反之，调整经济结构和深化改革开放取得实质性进展，也会为经济社会平稳运行营造良好预期。

A tônica geral de buscar o progresso baseado na estabilidade

Desde o 18º Congresso Nacional do PCCh, Xi Jinping referiu-se em várias ocasiões, tanto no país como no exterior, à "tônica geral de buscar o progresso baseado na estabilidade". A Conferência Central de Trabalho Econômico, realizada anualmente, tem sublinhado a mesma ideia como orientação para os trabalhos do ano seguinte. Em dezembro de 2016, a conferência adotou a ideia como um princípio importante para a administração do país e uma metodologia para realizar adequadamente os trabalhos econômicos. A "estabilidade" contida na tônica geral supracitada, que concerne aos interesses do conjunto, refere-se à estabilidade da operação econômica, com a qual se evitam as instabilidades no crescimento, no emprego e no preço, assim como os riscos financeiros regionais e sistêmicos, sendo uma precondição para se alcançar o progresso em áreas vitais, isto é, para se fazer algo de maneira adequada. O "progresso" prioriza a reestruturação econômica e o aprofundamento da reforma e abertura, para garantir a obtenção dos novos resultados na transformação do modelo de crescimento econômico e no desenvolvimento impulsionado pela inovação. A "estabilidade" e o "progresso" apoiam um ao outro, contribuindo para o desenvolvimento socioeconômico estável e a criação de um macroambiente estável favorável à reestruturação econômica e ao aprofundamento da reforma e abertura, enquanto apenas com os progressos essenciais obtidos nestas áreas é que se apresentarão as boas perspectivas para um crescimento socioeconômico estável.

非公有制经济

非公有制经济，是改革开放以来在党的方针政策指引下发展起来的。公有制为主体、多种所有制经济共同发展的基本经济制度，是中国特色社会主义制度的重要组成部分，也是完善社会主义市场经济体制的必然要求。中共十八届三中全会提出，公有制经济和非公有制经济都是社会主义市场经济的重要组成部分，都是中国经济社会发展的重要基础。截至2017年底，中国民营企业数量超过2700万家，个体工商户超过6500万户，注册资本超过165万亿元。概括起来说，民营经济具有“五六七八九”的特征，即贡献了50%以上的税收，60%以上的国内生产总值，70%以上的技术创新成果，80%以上的城镇劳动就业，90%以上的企业数量。在世界500强企业中，中国民营企业由2010年的1家增加到2018年的28家。民营经济已经成为推动中国发展不可或缺的力量，成为创业就业的主要领域、技术创新的重要主体、国家税收的重要来源，为中国社会主义市场经济发展、政府职能转变、农村富余劳动力转移、国际市场开拓等发挥了重要作用。民营经济是中国经济制度的内在要素，是社会主义市场经济发展的重要成果，是推动社会主义市场经济发展的重要力量，是推进供给侧结构性改革、推动高质量发展、建设现代化经济体系的重要主体，也是中国共产党长期执政、团结带领全国人民实现“两个一百年”奋斗目标和中华民族伟大复兴中国梦的重要力量。在全面建成小康社会、进而全面建设社会主义现代化国家的新征程中，中国的民营经济只能壮大、不能弱化。

A economia de propriedade não pública

A economia de propriedade não pública vem se desenvolvendo desde a reforma e abertura sob a orientação de diretrizes e políticas do Partido. O sistema econômico fundamental do desenvolvimento comum entre a economia de propriedade pública, corpo principal da economia chinesa, e a economia de diferentes propriedades é parte importante do sistema socialista com características chinesas e uma condição indispensável para aperfeiçoar o sistema de economia de mercado socialista. A 3ª sessão plenária do 18º Comitê Central do PCCh explicitou que tanto a economia pública como a de propriedade não pública constituem partes importantes da economia de mercado socialista e são uma base importante para o desenvolvimento socioeconômico da China. Até o ano de 2017, o número de empresas privadas ultrapassou os 27 milhões, enquanto o de empresários e comerciantes individuais passou dos 65 milhões, com o capital inscrito superior a 165 trilhões de *yuans*. Em resumo, a economia privada representa mais de 50% na contribuição dos impostos, mais de 60% do PIB, mais de 70% das inovações tecnológicas, mais de 80% do emprego tanto nas zonas urbanas como nas rurais e mais de 90% no total do número de empresas. Entre as 500 empresas mais famosas do mundo, o número de empresas chinesas privadas subiu de um em 2010 para 28 em 2018. A economia privada tornou-se uma força indispensável para o desenvolvimento da China, um setor principal para o empreendimento e o emprego, um corpo importante para a inovação tecnológica e uma fonte importante de tributação do Estado, tendo desempenhado importante papel para o desenvolvimento da economia de mercado socialista, a transformação das funções governamentais, a mobilidade da mão de obra rural e para a exploração de mercados internacionais. A economia privada constitui um elemento interno do sistema econômico chinês, um resultado importante do desenvolvimento da economia de mercado socialista, uma grande força para promover o desenvolvimento da economia de mercado socialista, um sujeito principal para promover a reforma estrutural no lado da oferta e o desenvolvimento de alta qualidade e para construir um sistema econômico modernizado e, ao mesmo tempo, uma importante força para o PCCh exercer seu poder por longo tempo, unir e dirigir o povo de todo o país para a concretização das metas dos "dois centenários" e a concretização do sonho chinês da grande revitalização da nação chinesa. Na nova marcha para concluir a construção integral de uma sociedade moderadamente próspera e para a construção integral de um país socialista modernizado, a economia privada deve ser fortalecida, em vez de enfraquecida.

经济发展新常态

2014年5月10日，习近平在河南考察时明确提出“新常态”。中国经济发展进入新常态，是中共十八大以来综合分析世界经济长周期和中国发展阶段性特征及其相互作用作出的重大战略判断。从时间上看，新常态是中国不同发展阶段更替变化的结果。从空间上看，中国出口优势和参与国际产业分工模式面临新挑战，经济发展新常态是这种变化的体现。总之，中国发展的环境、条件、任务、要求等都发生了新的变化，经济发展进入新常态。新常态下，中国经济发展的主要特点是：增长速度要从高速增长转向中高速，发展方式要从规模速度型转向质量效率型，经济结构调整要从增量扩能为主转向调整存量、做优增量并举，发展动力要从主要依靠资源和低成本劳动力等要素投入转向创新驱动。这些变化，是中国经济向形态更高级、分工更优化、结构更合理的阶段演进的必经过程。实现这样广泛而深刻的变化，是一个新的巨大挑战。经济发展新常态下，尽管经济面临较大下行压力，但中国仍处于发展的重要战略机遇期。经济发展长期向好的基本面没有变，经济韧性好、潜力足、回旋余地大的基本特质没有变，经济持续增长的良好支撑基础和条件没有变，经济结构调整优化的前进态势没有变。中国党和政府把适应新常态、把握新常态、引领新常态作为贯穿发展全局和全过程的大逻辑。

Nova normalidade da economia chinesa

A "nova normalidade" foi apresentada por Xi Jinping no dia 10 de maio de 2014 durante sua visita de inspeção à província de Henan. A conclusão de que o desenvolvimento da economia chinesa se encontra numa fase de nova normalidade foi uma avaliação estratégica do Comitê Central do PCCh feita de acordo com os estudos sobre as circunstâncias da economia mundial no longo prazo e as características da fase do desenvolvimento do país, bem como da interação entre ambos. Do ponto de vista do tempo, a nova normalidade é resultado das transições e mudanças verificadas entre diferentes etapas do desenvolvimento do país. Do ponto de vista do espaço, as vantagens da China na exportação e o modelo da participação chinesa na divisão internacional do trabalho encaram novos desafios, refletindo-se na nova normalidade do desenvolvimento econômico. Tanto do ponto de vista do tempo quanto do espaço, as circunstâncias, condições, tarefas e exigências do desenvolvimento do país sofreram novas mudanças. Portanto, a economia chinesa se encontra numa nova normalidade. Face à nova normalidade, o desenvolvimento econômico da China possui as seguintes características: o alto ritmo de crescimento passa para um ritmo médio/alto; o modo de desenvolvimento passa de escala e velocidade para qualidade e eficiência; a estrutura econômica passa da busca da quantidade e capacidade produtiva para expansão da produção por meio do reajuste do insumo existente e aprimoramento dos fatores acrescentados; a força motriz do desenvolvimento deixa de depender principalmente dos recursos e mão de obra de baixo custo e passa a depender da inovação. Essas mudanças constituem um processo indispensável no qual a economia chinesa avançará para uma fase de melhor desempenho, melhor divisão da economia e uma estrutura mais razoável. A concretização dessas mudanças amplas e profundas é um desafio novo e enorme. Apesar da desaceleração da economia, a China tem pela frente oportunidades estratégicas para seu desenvolvimento face à nova normalidade. Não mudou o fator fundamental para o bom desenvolvimento econômico da China no longo prazo; não mudaram as características básicas da economia chinesa que incluem sua boa resiliência, grande potencial e grande espaço de flexibilidade; não mudaram as bases e condições de suporte para o crescimento econômico constante; e não mudaram as perspectivas do avanço de reajuste e otimização da estrutura econômica. O Partido e o governo chinês consideram a adaptação, o aproveitamento e a direção da nova normalidade como uma grande diretriz que se estende ao longo de todo o processo de desenvolvimento.

“十三五”规划

《中华人民共和国国民经济和社会发展第十三个五年规划纲要》简称“十三五”规划，规划起止时间为2016年至2020年，2016年3月正式发布。“十三五”规划阐明了“十三五”期间的国家战略意图，明确了经济社会发展宏伟目标、主要任务和重大举措，是市场主体的行为导向，是政府履行职责的重要依据，是全国各族人民的共同愿景。“十三五”规划提出了“到2020年全面建成小康社会”的奋斗目标，并首次提出“创新、协调、绿色、开放、共享”五大发展理念。按照全面建成小康社会新的目标要求，“十三五”规划确定了经济社会发展五个方面的主要目标：经济保持中高速增长、人民生活水平和质量普遍提高、国民素质和社会文明程度显著提高、生态环境质量总体改善、各方面制度更加成熟更加定型。

Décimo Terceiro Plano Quinquenal

O 13º Plano Quinquenal, abreviatura do 13º Plano Quinquenal para o Desenvolvimento Econômico e Social da República Popular da China, foi publicado oficialmente em março de 2016 e define a estratégia nacional, os grandes objetivos e as principais tarefas e medidas para o desenvolvimento socioeconômico no período 2016- 2020. Ele serve de guia de ação para os principais agentes do mercado e de importante fundamento sobre o qual o governo exerce suas funções, além de encarnar a aspiração comum do povo de todos os grupos étnicos do país. O 13º Plano Quinquenal estabelece o objetivo de concluir a construção de uma sociedade moderadamente próspera em todos os aspectos até 2020 e apresenta pela primeira vez os conceitos de desenvolvimento inovador, coordenado, verde, aberto e compartilhado. Conforme as novas exigências do objetivo, ele determina as principais tarefas em cinco áreas: manter o crescimento econômico a um ritmo médio/alto; elevar o nível e a qualidade de vida do povo; melhorar notavelmente a qualidade cívica e o nível de civilidade social; melhorar a qualidade do meio ambiente; e tornar os sistemas, nos diversos domínios, mais maduros e bem definidos.

供给侧结构性改革

2015年11月10日，在中央财经领导小组第十一次会议上，习近平提出推进“供给侧改革”这一重要战略决策。中共十九大报告进一步强调，建设现代化经济体系，必须把发展经济的着力点放在实体经济上，把提高供给体系质量作为主攻方向，显著增强我国经济质量优势。供给侧结构性改革，最终目的是满足需求，主攻方向是提高供给质量，根本途径是深化改革。满足需求，就是深入研究市场变化，理解现实需求和潜在需求，在解放和发展社会生产力中更好满足人民日益增长的物质文化需要。提高供给质量，就是减少无效供给、扩大有效供给，着力提升整个供给体系质量，提高供给结构对需求结构的适应性。深化改革，就是完善市场在资源配置中起决定性作用的体制机制，深化行政管理体制改革，打破垄断，健全要素市场，使价格机制真正引导资源配置。当前供给侧结构性改革的主要任务是去产能、去库存、去杠杆、降成本、补短板。通过一系列政策举措，特别是推动科技创新、发展实体经济、保障和改善人民生活的政策措施，提高供给体系质量，为经济持续健康发展提供源源不断的内生动力。

A reforma estrutural no lado da oferta

Na 11ª sessão do Grupo Dirigente Central para Assuntos Financeiros e Econômicos realizada no dia 10 de novembro de 2015, Xi Jinping apresentou a importante decisão estratégica de implementação da "reforma no lado da oferta". No relatório do 19º Congresso Nacional do PCCh, foi realçado que para construir um sistema econômico modernizado é preciso centralizar nossos esforços na economia real, focar na melhora da qualidade do sistema de oferta e reforçar consideravelmente a vantagem de qualidade da nossa economia. A reforma estrutural no lado da oferta tem como objetivo final responder à demanda, melhorar a qualidade da oferta como objetivo principal e, como meio fundamental, aprofundar a reforma. Responder à demanda significa estudar profundamente as mudanças do mercado, conhecer a demanda real e a demanda latente e satisfazer melhor as necessidades materiais e culturais cada dia mais crescentes do povo por meio da emancipação e desenvolvimento das forças produtivas da sociedade. Melhorar a qualidade da oferta consiste em diminuir a oferta ineficiente e ampliar a oferta eficiente, melhorar a qualidade de todo o sistema de oferta e otimizar a adaptabilidade da estrutura da oferta à estrutura da demanda. Aprofundar a reforma consiste em aprimorar o sistema e o mecanismo para que o mercado desempenhe um papel determinante na distribuição dos recursos, aprofundar a reforma do regime de gestão administrativa, quebrar com os monopólios, otimizar o mercado de insumos e permitir que o mecanismo de preços oriente a distribuição dos recursos. Atualmente, as principais tarefas da reforma estrutural no lado da oferta residem em diminuir a produção, reduzir os estoques, fazer a desalavancagem, baixar os custos e superar os pontos fracos. É preciso tomar uma série de medidas e iniciativas, especialmente aquelas que estimulam a inovação tecnológica, promovem o desenvolvimento da economia real e asseguram a melhora de vida do povo, a fim de resolver os problemas existentes no lado da oferta da economia chinesa e fornecer forças endógenas inesgotáveis para o crescimento econômico sustentável e saudável.

创新型国家

创新是引领发展的第一动力，是建设现代化经济体系的战略支撑。中共十八大以来，中国在实施创新驱动发展战略上取得显著成就，科技进步对经济增长的贡献率从2012年的52.2%提高到2017年的57.5%，有力推动了产业转型升级。为加快创新型国家建设，中共十九大报告强调，瞄准世界科技前沿，强化基础研究，实现前瞻性基础研究、引领性原创成果重大突破；加强应用基础研究，拓展实施国家重大科技项目，突出关键共性技术、前沿引领技术、现代工程技术、颠覆性技术创新，为建设科技强国、质量强国、航天强国、网络强国、交通强国、数字中国、智慧社会提供有力支撑；加强国家创新体系建设，强化战略科技力量；深化科技体制改革，建立以企业为主体、市场为导向、产学研深度融合的技术创新体系；加强对中小企业创新的支持，促进科技成果转化；倡导创新文化，强化知识产权创造、保护、运用；培养造就一大批具有国际水平的战略科技人才、科技领军人才、青年科技人才和高水平创新团队。

País inovador

A inovação constitui a força motriz primária para o desenvolvimento e o apoio estratégico para construir um sistema econômico modernizado. Desde o 18º Congresso Nacional do PCCh, a China tem alcançado êxitos notáveis na implementação da estratégia de desenvolvimento impulsionado pela inovação. O grau de contribuição do avanço tecnológico para o crescimento econômico subiu de 52,2% em 2012 para 57,5% em 2017, promovendo consideravelmente a reestruturação e a atualização industriais. Para acelerar a construção de um país inovador, o relatório do 19º Congresso Nacional do PCCh destacou a necessidade de focar na ciência e tecnologia avançada do mundo para reforçar a pesquisa básica e alcançar progressos essenciais em relação à pesquisa básica prospectiva e aos resultados originais orientadores. É preciso reforçar a pesquisa de aplicação básica, ampliar importantes projetos científicos e tecnológicos em nível estatal e incentivar a inovação referente à tecnologia-chave geral, à tecnologia orientadora de ponta, à tecnologia de engenharia moderna e à tecnologia disruptiva, a fim de fornecer um suporte efetivo à construção de um país poderoso em ciência e tecnologia, qualidade, aeroespaço, ciberespaço e transportes, bem como de uma China digital e de uma sociedade inteligente. Há que intensificar a construção do sistema nacional de inovação e desenvolver as forças científicas e tecnológicas estratégicas. Há que aprofundar a reforma do sistema científico e tecnológico, estabelecer um sistema de inovação tecnológica orientado para o mercado, tendo as empresas como o principal, e caracterizado por uma profunda integração entre as empresas, universidades e instituições de pesquisa, assim como reforçar o apoio à inovação das pequenas e médias empresas e incentivar a transformação dos resultados científicos e tecnológicos. Há que promover a cultura inovadora e reforçar a criação, proteção e aplicação dos direitos de propriedade intelectual. Há que formar um grande número de talentos estratégicos, pioneiros e jovens de excelência internacional na área científica e tecnológica, bem como equipes de inovação de alto nível.

“三农”问题

农业农村农民问题是关系国计民生的根本性问题，中国共产党始终把解决好“三农”问题作为全党工作的重中之重。具体而言，就是持续加大强农惠农富农政策力度，按照产业兴旺、生态宜居、乡风文明、治理有效、生活富裕的总要求，建立健全城乡融合发展体制机制和政策体系；全面深化农村改革，巩固完善农村基本经营制度，积极推进承包地确权登记颁证和“三权分置”改革，保障农民财产权益，完善农业支持保护制度；推进乡村治理体系和农产品流通体制改革，以农业供给侧结构性改革为主线，推进乡村振兴战略，为农业农村发展提供了不竭的强大动力。近年来，中国坚持农业农村优先发展，切实抓好农业特别是粮食生产，2018年粮食产量达到13158亿斤，连续7年站稳在1．2万亿斤以上；棉油糖、肉蛋奶、果菜茶等主要农产品供给充足，优质绿色农产品比重上升。目前，全国新型职业农民总量已达到1500万人，占农村实用人才的75%，其中，仅2018年就培育职业农民超过100万人，不断壮大了现代农业的“主力军”。解决“三农”问题的下一步工作重点是，改善农村人居环境，深化农村土地制度改革。

Três questões rurais: agricultura, zona rural e agricultores

As questões relacionadas à agricultura, zona rural e agricultores constituem questões fundamentais estreitamente ligadas à economia nacional e à subsistência do povo, razão pela qual o PCCh sempre as considerou prioridade das prioridades nos trabalhos de todo o Partido. Mais concretamente, vem sendo intensificada a política para desenvolver a agricultura, beneficiar a zona rural e enriquecer os agricultores; para estruturar e aperfeiçoar os sistemas de desenvolvimento e mecanismos políticos para o desenvolvimento integrado entre as zonas urbanas e rurais, segundo o objetivo geral de alcançar a prosperidade rural, meio ambiente mais habitável, costumes civilizados, administração eficaz e vida próspera. Deve-se aprofundar integralmente a reforma rural, consolidar e aprimorar os sistemas básicos de gestão rural e promover a reforma no registro e emissão de documentos sobre as terras cultivadas no sistema de responsabilidade contratual e na "separação dos três direitos (de propriedade, de contratação e de gestão), a fim de proteger os direitos e interesses dos agricultores e aprimorar o sistema de apoio e proteção à agricultura. Deve-se promover a reforma do sistema de gestão rural e do sistema de circulação dos produtos agrícolas para impulsionar a estratégia de revigoramento do meio rural e fornecer constantemente grandes forças para o desenvolvimento rural, tendo a reforma estrutural no lado da oferta como linha principal. Nos últimos anos, a China persiste em desenvolver prioritariamente a agricultura, especialmente a produção de cereais. Em 2018, a produção de cereais atingiu 657,9 milhões de toneladas, mantendo-se por sete anos consecutivos a produção superior a 600 milhões de toneladas. A produção de algodão, óleo, açúcar, carnes, ovos, leites, frutas, legumes e chás foi suficiente, enquanto a porcentagem de produtos orgânicos foi elevada consideravelmente. Atualmente, o número de agricultores profissionais do país atingiu 15 milhões, representando 75% do total dos agricultores técnicos, dos quais, mais de um milhão de agricultores profissionais foram formados só em 2018, tendo expandindo o "contingente principal" dedicado à agricultura. A prioridade para resolver as "três questões rurais" consiste em melhorar o meio ambiente da habitação da população rural e aprofundar a reforma do sistema agrário.

京津冀协同发展

推动京津冀协同发展是中国的一个重大国家战略，其核心是有序疏解北京非首都功能，调整经济结构和空间结构，走出一条内涵集约发展的新路子，探索出一种人口经济密集地区优化开发的模式，促进区域协调发展，形成新增长极。2015年4月，中央政治局审议通过了《京津冀协同发展规划纲要》，为推动京津冀协同发展提供了顶层设计。京津冀协同发展的范围包括北京市、天津市以及河北省的保定等11个地级市，计划在交通一体化、生态环境保护、产业升级转移等三大重点领域率先取得突破。京津冀协同发展不仅是解决北京、天津、河北发展面临的矛盾和问题的需要，而且是优化国家发展区域布局、优化社会生产力空间结构、打造新的经济增长极、形成新的经济发展方式的需要。

Desenvolvimento integrado da Região Jing-Jin-Ji

A promoção do desenvolvimento integrado da Região Jing-Jin-Ji constitui uma importante estratégia do Estado cuja essência consiste em transferir as funções não essenciais da capital Beijing e reajustar as estruturas econômica e territorial, a fim de explorar um novo caminho para o crescimento mais eficiente e mais racional no uso dos recursos e tecnologias e encontrar um modelo para a otimização do desenvolvimento das regiões com populações e economias muito concentradas, bem como promover o desenvolvimento integrado da região e formar novos polos de crescimento. Em abril de 2015, o Birô Político do Comitê Central do PCCh deliberou e aprovou o Programa de Desenvolvimento Integrado da Região Jing-Jin-Ji, fornecendo um planejamento geral, pelas instâncias superiores, para a promoção do desenvolvimento integrado da região. O projeto da Região Jing-Jin-Ji abrange Beijing, Tianjin e outras 11 cidades da província de Hebei, incluindo a cidade Baoding, com o plano de obter os primeiros avanços em três áreas importantes: a integração dos transportes, a proteção do meio ambiente e a atualização e transferência de indústrias. O projeto constitui uma necessidade não só para resolver as contradições e problemas existentes no desenvolvimento de Beijing ou de Tianjin e Hebei, mas uma necessidade para aprimorar a disposição do desenvolvimento regional do país, otimizar a estrutura espacial das forças produtivas da sociedade e formar novos polos de crescimento econômico, bem como criar um novo modelo de desenvolvimento econômico.

雄安新区

雄安新区是中共中央、国务院于2017年4月1日正式批准设立的国家级新区，涉及河北省雄县、容城、安新3县及周边部分区域。雄安新区，是中央作出的一项重大的历史性战略选择，是继深圳经济特区和上海浦东新区之后又一具有全国意义的新区，是千年大计、国家大事。雄安新区建设将突出七个方面的重点任务：一是建设绿色智慧新城，建成国际一流、绿色、现代、智慧城市。二是打造优美生态环境，构建蓝绿交织、清新明亮、水城共融的生态城市。三是发展高端高新产业，积极吸纳和集聚创新要素资源，培育新动能。四是提供优质公共服务，建设优质公共设施，创建城市管理新样板。五是构建快捷高效交通网，打造绿色交通体系。六是推进体制机制改革，发挥市场在资源配置中的决定性作用和更好发挥政府作用，激发市场活力。七是扩大全方位对外开放，打造扩大开放新高地和对外合作新平台。雄安新区的设立，对于集中疏解北京非首都功能，探索人口经济密集地区优化开发新模式，调整优化京津冀城市布局和空间结构，培育创新驱动发展新引擎，具有重大现实意义和深远历史意义。

Nova Área de Xiong'an

A Nova Área de Xiong'an foi estabelecida oficialmente pelo Comitê Central do PCCh e pelo Conselho de Estado em 1º de abril de 2017, abrangendo os distritos de Xiongxian, Rongcheng, Anxin e algumas das suas zonas periféricas. Área a nível nacional criada após a Zona Econômica Especial de Shenzhen e a Nova Área de Pudong em Shanghai, o estabelecimento de Xiong'an é uma importante escolha estratégica de sentido histórico feita pelo Comitê Central do PCCh e um grande acontecimento de significado transcendental do país. A construção da nova área prioriza as tarefas nos seguintes aspectos: (1) construir uma nova cidade de alto padrão internacional que seja verde, moderna e inteligente; (2) construir uma cidade amiga do meio ambiente que se caracterize pela urbanização harmoniosa com o ar fresco, florestas verdes e sistemas hídricos limpos; (3) desenvolver indústrias avançadas de novas e altas tecnologias, atrair e concentrar os fatores e recursos da inovação e formar novos motores de crescimento; (4) fornecer serviços públicos e infraestrutura pública de qualidade e criar um novo modelo de administração de cidades; (5) estabelecer uma malha de transportes de alta velocidade e alta eficiência que satisfaça os padrões verdes; (6) promover a reforma de diversos sistemas e mecanismos, pôr em prática a função determinante do mercado na alocação dos recursos e melhorar o papel do governo para dinamizar o mercado; (7) levar adiante a abertura onidirecional ao exterior, construir uma nova área piloto de abertura e uma nova plataforma de cooperação com o exterior. O estabelecimento da Nova Área de Xiong'an tem grande significado histórico e real em transferir as funções não essenciais da capital Beijing, explorar novos modelos de desenvolvimento e de otimização para as regiões com grandes populações e economia, reajustar e aprimorar a disposição urbana e a estrutura dos espaços da região Jing-Jin-Ji (Beijing-Tianjin-Hebei), bem como em formar novos motores para o desenvolvimento impulsionado pela inovação.

长江经济带

2016年3月25日，中央政治局召开会议，审议通过了《长江经济带发展规划纲要》。长江经济带涉及11个省市，即上海、江苏、浙江、安徽、江西、湖北、湖南、重庆、四川、云南和贵州。发展长江经济带的导向是“共抓大保护、不搞大开发”。推动长江经济带发展的目标是：到2020年，生态环境明显改善，水资源得到有效保护和合理利用；长江黄金水道瓶颈制约有效疏畅、功能显著提升；创新驱动取得重大进展，培育形成一批世界级的企业和产业集群，参与国际竞争的能力显著增强；基本形成陆海统筹、双向开放，与“一带一路”建设深度融合的全方位对外开放新格局；发展的统筹度和整体性、协调性、可持续性进一步增强；重点领域和关键环节改革取得重要进展，协调统一、运行高效的长江流域管理体制全面建立，统一开放的现代市场体系基本建立；经济发展质量和效益大幅提升，基本形成引领全国经济社会发展的战略支撑带。到2030年，水环境和水生态质量全面改善，生态系统功能显著增强，水脉畅通、功能完备的长江全流域黄金水道全面建成，创新型现代产业体系全面建立，上中下游一体化发展格局全面形成，生态环境更加美好、经济发展更具活力、人民生活更加殷实，在全国经济社会发展中发挥更加重要的示范引领和战略支撑作用。

Cinturão econômico do rio Yangtzé

Em 25 de março de 2016, na reunião do Birô Político do Comitê Central do PCCh, foi aprovado o "Esboço do Programa de Desenvolvimento do Cinturão Econômico ao Longo do Rio Yangtzé". O cinturão econômico do rio Yangtzé envolve 11 províncias e municípios, nomeadamente Shanghai, Jiangsu, Zhejiang, Anhui, Jiangxi, Hubei, Hunan, Chongqing, Sichuan, Yunnan e Guizhou. O objetivo orientador do desenvolvimento do cinturão econômico do rio Yangtzé é empenhar-se conjuntamente para a proteção geral, em vez da exploração excessiva. As metas de impulsionar o desenvolvimento do cinturão econômico ao longo do rio Yangtzé são as seguintes: até 2020, melhorar de forma evidente o meio ambiente, protegendo efetivamente os recursos hídricos e aproveitando-os de forma adequada; minimizar os gargalos no transporte fluvial no rio Yangtzé e elevar notavelmente a qualidade dos serviços; realizar progressos no desenvolvimento pautado na inovação, com o estabelecimento de empresas e polos industriais de nível mundial e capacidade elevada de participação na concorrência internacional; formar um novo quadro de abertura ao exterior, ou seja, realizar uma abertura integrada pelas vias terrestre e marítima que esteja alinhada com a construção do "Cinturão e Rota"; reforçar a coordenação, a integridade e a sustentabilidade do desenvolvimento; lograr grande progresso na reforma de importantes áreas e questões-chave como a formação de um sistema administrativo bem coordenado e altamente efetivo na bacia do rio Yangtzé e um sistema moderno de mercado unificado e aberto; aumentar notavelmente qualidade e o rendimento do desenvolvimento econômico. O objetivo é formar, de modo geral, uma zona de apoio estratégico que lidere o desenvolvimento socioeconômico do país. Até 2030, espera-se lograr plena melhora no meio ambiente hídrico e no ecossistema aquático; aprimoramento das funções das hidrovias ao longo da bacia do rio Yangtzé, conhecidas como hidrovias de ouro; formação de um sistema industrial moderno pautado na inovação e um quadro de desenvolvimento plenamente integrado entre os cursos inferior, médio e superior; e, por fim, com o meio ambiente melhorado, a economia mais desenvolvida e a vida do povo mais confortável, o cinturão econômico ao longo do rio Yangtzé deverá desempenhar um papel piloto e de apoio estratégico para o desenvolvimento socioeconômico da China.

社会主义市场经济体制

社会主义市场经济体制是中国共产党在建设中国特色社会主义进程中的一个重大理论和实践创新。1992年，中共十四大正式确立“中国经济体制改革的目标是建立社会主义市场经济体制”。经过20多年实践，中国社会主义市场经济体制已经初步建立，但仍存在不少问题，包括市场秩序不规范、生产要素市场发展滞后、市场规则不统一、市场竞争不充分等。

中共十九大报告作出加快完善社会主义市场经济体制的新要求。提出经济体制改革必须以完善产权制度和要素市场化配置为重点，实现产权有效激励、要素自由流动、价格反应灵活、竞争公平有序、企业优胜劣汰。完善各类国有资产管理体制，改革国有资本授权经营体制，加快国有经济布局优化、结构调整、战略性重组，促进国有资产保值增值，推动国有资本做强做优做大，有效防止国有资产流失。深化国有企业改革，发展混合所有制经济，培育具有全球竞争力的世界一流企业。全面实施市场准入负面清单制度，清理废除妨碍统一市场和公平竞争的各种规定和做法，支持民营企业发展，激发各类市场主体活力。深化商事制度改革，打破行政性垄断，防止市场垄断，加快要素价格市场化改革，放宽服务业准入限制，完善市场监管体制。创新和完善宏观调控，发挥国家发展规划的战略导向作用，健全财政、货币、产业、区域等经济政策协调机制。完善促进消费的体制机制，增强消费对经济发展的基础性作用。深化投融资体制改革，发挥投资对优化供给结构的关键性作用。加快建立现代财政制度，建立权责清晰、财力协调、区域均衡的中央和地方财政关系。建立全面规范透明、标准科学、约束有力的预算制度，全面实施绩效管理。

O sistema de economia de mercado socialista

O sistema de economia de mercado socialista constitui uma importante inovação, tanto teórica quanto prática, alcançada pelo PCCh ao longo do processo de construção do socialismo com características chinesas. Em 1992, no 14º Congresso Nacional do Partido, foi definida a tese de que "a reforma do sistema econômico da China tem como objetivo estabelecer o sistema de economia de mercado socialista". Com mais de 20 anos de prática, foi preliminarmente estabelecido o sistema de economia de mercado socialista da China, mas ainda com muitos problemas existentes, tais como a ordem de mercado não regularizada, o subdesenvolvimento do mercado de insumos, normas de mercado não unificadas e falta de concorrência de mercado etc.

O relatório do 19º Congresso Nacional do Partido formulou, para acelerar o aperfeiçoamento do sistema de economia de mercado socialista, uma nova exigência segundo a qual a reforma do sistema econômico deve se concentrar em melhorar o sistema do direito de propriedade e assegurar a distribuição dos fatores de produção segundo a lógica de mercado, de modo que os direitos de propriedade sirvam como incentivos eficazes. É preciso assegurar o livre fluxo de tais fatores, preços flexíveis, concorrência justa e ordenada e a sobrevivência das empresas segundo a lógica de concorrência. É preciso aprimorar o sistema de administração dos diversos tipos de ativos estatais; reformar o sistema de operações autorizadas de capitais estatais; acelerar a otimização da distribuição da economia de propriedade estatal, seu reajuste estrutural e sua restruturação estratégica; reforçar a garantia e o aumento do valor dos ativos estatais; fortificar, otimizar e aumentar os capitais estatais e prevenir efetivamente a perda de ativos estatais. É preciso aprofundar a reforma das empresas estatais, desenvolver a economia de propriedade mista e formar empresas de nível mundial com competitividade global. É preciso implementar em todos os setores o sistema de listas negativas no acesso ao mercado, revisar e anular todos os regulamentos e práticas que obstruam o mercado unificado e a concorrência justa, apoiar o desenvolvimento das empresas privadas e estimular o vigor dos principais agentes do mercado. Há que aprofundar a reforma do sistema comercial, quebrar o monopólio administrativo, prevenir o monopólio do mercado, acelerar a reforma dos preços dos fatores de produção orientados para o mercado, relaxar as restrições ao acesso do setor de serviços e aperfeiçoar o sistema de supervisão e administração do mercado. Há que inovar e aprimorar o macrocontrole, pôr em funcionamento o papel estratégico orientador dos programas de desenvolvimento nacional e aperfeiçoar o mecanismo

深化税收制度改革，健全地方税体系。深化金融体制改革，增强金融服务实体经济能力，提高直接融资比重，促进多层次资本市场健康发展。健全货币政策和宏观审慎政策双支柱调控框架，深化利率和汇率市场化改革。健全金融监管体系，守住不发生系统性金融风险的底线。

de coordenação das políticas econômicas, como a fiscal, monetária, industrial e regional. Temos de melhorar os mecanismos e sistemas de consumo e reforçar seu papel básico para o desenvolvimento econômico. Temos de levar adiante a reforma do investimento e financiamento, valorizando o papel-chave do investimento sobre o aprimoramento da estrutura de oferta. Há que acelerar a criação de um sistema fiscal moderno e estabelecer uma relação fiscal entre o governo central e os governos locais caracterizada pela definição clara das atribuições e responsabilidades, pela coordenação financeira e pelo equilíbrio regional. Há que formar um sistema orçamentário integral, regularizado, transparente, padronizado e científico e de força coerciva efetiva e aplicar de forma integral uma administração baseada na avaliação de resultados. Há que aprofundar a reforma do sistema fiscal e aperfeiçoar o sistema fiscal local. Há que aprofundar a reforma do sistema financeiro, reforçar a capacidade do setor financeiro no serviço à economia real, elevar a proporção do financiamento direto e promover o desenvolvimento saudável do mercado de capitais em múltiplos níveis. Há que aprimorar a estrutura de reajuste tendo como dois pilares a política monetária e a política macroprudencial, além de aprofundar a reforma de taxas de câmbio e de juros baseadas no mercado. Há que aperfeiçoar o sistema de supervisão e gestão financeira, bem como manter a linha de fundo para prevenir riscos financeiros sistemáticos.

全面开放新格局

中共十一届三中全会以来，中国的对外开放，由点到面、由浅入深，从深圳等经济特区率先启动，扩展到东部沿海、沿江、沿边与中西部内陆地区；从浦东开发开放，到加入世界贸易组织；从设立自由贸易试验区、共建“一带一路”，到构建人类命运共同体。2018年，中国外贸进出口总值首次突破30万亿元，全年实际利用外资8856．1亿元，双双创下历史新高。同年，首届国际进口博览会亮相上海，来自五大洲的3600多家企业，超过40万的中外采购商踊跃参会，成交额近600亿美元。中国经济发展是在开放条件下取得的，未来中国经济实现高质量发展也必须在更加开放条件下进行。推动全方位对外开放，就是要适应新形势、把握新特点，以“一带一路”建设为重点，坚持引进来和走出去并重，遵循共商共建共享原则，加强创新能力开放合作，形成陆海内外联动、东西双向互济的开放格局，推动由商品和要素流动型开放向规则等制度型开放转变。中国正全面推行国民待遇原则加负面清单管理模式，推进投资贸易管理制度、工商制度变革；建设法治化、国际化、便利化的营商环境；深化规则、制度层面、思维方式、文化与观念层面上的对外开放，借助开放推进改革、促进发展。

Nova conjuntura de abertura integral

Desde a 3ª sessão plenária do 11º Comitê Central do PCCh, a abertura da China ao exterior desenvolveu-se de região em região e de maneira cada dia mais profunda, tendo sido iniciada nas zonas econômicas especiais, como a de Shenzhen, e estendida às regiões litorâneas do Leste, às regiões circundantes de fronteira e às regiões interiores do Centro-Oeste. Ela avançou desde o desenvolvimento e abertura de Pudong até a entrada na Organização Mundial de Comércio, desde o estabelecimento das zonas definidas como pilotos de livre comércio até a construção conjunta do "Cinturão e Rota" e a construção conjunta da comunidade de futuro compartilhado pela humanidade. Em 2018, o valor total de importação e exportação da China passou dos 30 trilhões de *yuans*, tendo recebido nesse ano um total de 885,61 bilhões de *yuans* de investimento estrangeiro, ambos batendo seus recordes históricos. Nesse mesmo ano, realizou-se a primeira edição da Expo no Centro Nacional de Convenções e Exposições de Shanghai, contando com a participação de mais de 3.600 empresas e mais de 400 mil compradores tanto da China como de todo o mundo, tendo fechando acordos de intenção na ordem de US$ 60 bilhões. O desenvolvimento da economia chinesa foi alcançado sob as condições de abertura; por isso, o futuro desenvolvimento de alta qualidade da China só será alcançado sob condições de maior abertura. Para promover a abertura onidirecional, é preciso adaptar-se às novas circunstâncias e atender às novas características; é preciso focar na iniciativa do "Cinturão e Rota"; persistir simultaneamente na atração dos investimentos estrangeiros e na exploração do mercado externo; seguir o princípio de consulta conjunta, construção conjunta e compartilhamento; reforçar a cooperação aberta de capacidade inovadora, para formar uma conjuntura aberta com a interligação por meio terrestre e marítimo e auxílio mútuo entre o Leste e o Oeste; e é preciso promover a transição da abertura com fluxo de mercadorias e principais fatores para uma abertura com sistemas e regulamentos que tendam à abertura. A China implementará um sistema nacional de tratamento preestabelecido e listas negativas, promoverá a reforma do sistema administrativo de investimento e comércio e do sistema de comércio e indústria, a fim de formar um ambiente para os negócios comerciais mais legalizado, internacionalizado e facilitado, aprofundará a abertura tanto dos regulamentos, sistemas e metodologia ideológica como da cultura e conceitos, de modo que a abertura promova a reforma e estimule o desenvolvimento.

八、健全人民当家作主制度体系，发展社会主义民主政治

VIII. Aperfeiçoar o sistema institucional da posição do povo como dono do país e desenvolver a política democrática socialista

中国特色社会主义政治发展道路

中国特色社会主义政治发展道路，是近代以来中国人民长期奋斗历史逻辑、理论逻辑、实践逻辑的必然结果，是坚持党的本质属性、践行党的根本宗旨的必然要求。世界上没有完全相同的政治制度模式，政治制度不能脱离特定社会政治条件和历史文化传统来抽象评判，不能定于一尊，不能生搬硬套外国政治制度模式。其关键是坚持党的领导、人民当家作主、依法治国有机统一，核心是坚持和完善人民代表大会制度、中国共产党领导的多党合作和政治协商制度、民族区域自治制度以及基层群众自治制度，目的是不断推进社会主义政治制度自我完善和发展。必须长期坚持、不断发展中国社会主义民主政治，积极稳妥推进政治体制改革，推进社会主义民主政治制度化、规范化、法治化、程序化，保证人民依法通过各种途径和形式管理国家事务，管理经济文化事业，管理社会事务，巩固和发展生动活泼、安定团结的政治局面。

Caminho do desenvolvimento político do socialismo com características chinesas

Persistir no caminho de desenvolvimento político do socialismo com características chinesas é uma conclusão lógica, teórica e prática obtida inevitavelmente pelo povo chinês depois de ter travado bravas batalhas por longo tempo na época contemporânea e uma exigência inevitável para persistir no caráter inerente do Partido e na prática do seu propósito fundamental. Não existem no mundo sistemas políticos completamente iguais. O sistema político não pode ser avaliado de forma abstrata e independente das condições políticas e sociais nem das tradições culturais e históricas nas quais se encontra, tampouco ser um único modelo viável ou ser copiado de modelo estrangeiro ignorando determinadas realidades. A questão-chave reside em persistir na unidade integrada entre a liderança do Partido, a posição do povo como dono do país e a administração do país conforme a lei. A questão nuclear reside em persistir no sistema de assembleias populares, no sistema de cooperação multipartidária e de consulta política sob a liderança do PCCh, no sistema de autonomia étnica regional e no sistema de administração autônoma nas unidades em nível de base. O objetivo reside em promover constantemente o autoaperfeiçoamento e autodesenvolvimento do sistema político socialista. É preciso persistir permanentemente e desenvolver a política democrática socialista de nosso país, levar adiante a reforma do sistema político com uma atitude positiva e prudente e promover a institucionalização, a regulamentação, a legalização e a procedimentalização da política democrática socialista para assegurar que o povo administre, conforme a lei e por diversos meios e em diversas formas, os assuntos estatais, as atividades econômicas e culturais e assuntos sociais, com a finalidade de consolidar e desenvolver uma situação política caracterizada pelo dinamismo, vivacidade, estabilidade e unidade.

党内民主

党内民主是指在中国共产党党内生活中，党员根据党章和党的其他规定，在平等的基础上，按照有关程序和形式，对党的事务参与、决策与管理。党内民主包括民主选举、民主决策、民主管理、民主监督等，党内民主制度包括党的代表大会制度、集体领导制度、党内选举制度、维护党员民主权利制度、党内监督制度等形式。党内民主是由党的性质、党的宗旨和党的世界观决定的。中国共产党是执政党，党内民主的状况很大程度上决定着整个社会民主乃至人民民主的状况，党内政治生活的状况很大程度上决定着社会政治生活乃至国家政治生活的状况。2016年11月中共十八届六中全会审议通过的《关于新形势下党内政治生活的若干准则》指出：党内民主是党的生命，是党内政治生活积极健康的重要基础；保障党员民主权利，落实党员的知情权、参与权、选举权和监督权；党内决策、执行、监督等工作必须执行党章党规确定的民主原则和程序，任何党组织和个人都不得压制党内民主、破坏党内民主。习近平要求，中央政治局带头发扬党内民主，积极营造民主讨论的良好氛围，鼓励讲真话、讲实话、讲心里话，善于运用民主的办法科学决策、协调关系、化解矛盾、推动工作。

Democracia intrapartidária

A democracia intrapartidária significa que, na vida interna do PCCh, seus membros participam, decidem e administram os assuntos do Partido conforme o Estatuto e outros regulamentos, com base na igualdade e por procedimentos e formas determinadas. A democracia intrapartidária inclui realizar as eleições, tomar decisões e administrar e supervisionar de maneira democrática. O sistema de democracia intrapartidária consiste nos seus sistemas de Congresso Nacional, liderança coletiva, eleições, proteção dos direitos e interesses democráticos de seus militantes e supervisão no interior do Partido. A democracia intrapartidária é determinada pelo caráter, objetivo e conceito de mundo do PCCh. O PCCh é o partido no poder. As circunstâncias da democracia em seu interior determinam em grande grau as da democracia de toda a sociedade e até a do povo, e determinam também as perspectivas da vida política de toda a sociedade ou até mesmo as da vida política do Estado. No documento "Algumas diretrizes sobre a vida política do Partido na nova situação", revisado e aprovado na 6ª sessão plenária do 18º Comitê Central do PCCh realizada em novembro de 2016, foi realçado que a democracia intrapartidária constitui a vida do Partido e importantes alicerces para manter sua vida política interna dinâmica e saudável. Ela protege os direitos e interesses democráticos de seus membros, põe em prática os direitos à informação, participação, eleição e supervisão. Os trabalhos de decisão, execução e supervisão no interior do Partido devem seguir os princípios e os procedimentos estipulados tanto pelo seu Estatuto como pelos outros regulamentos. Nenhuma organização partidária e nenhum indivíduo pode reprimir a democracia no interior do Partido, muito menos sabotá-la. Xi Jinping determinou que o Birô Político do Comitê Central deve ser exemplar no desenvolvimento da democracia intrapartidária e formar uma atmosfera saudável de discussões democráticas, estimulando todos a falar a verdade, ser pragmáticos e sinceros, para que sejam competentes ao tomar decisões de maneira científica, coordenar as relações, aliviar as contradições e promover os trabalhos.

中华民族共同体意识

中华民族共同体意识是习近平倡导的重要理念之一。2014年9月，习近平在中央民族工作会议暨国务院第六次全国民族团结进步表彰大会上提出，加强中华民族大团结，长远和根本的是增强文化认同，建设各民族共有精神家园，积极培养中华民族共同体意识。中共十九大报告进一步提出，铸牢中华民族共同体意识，加强各民族交往交流交融，促进各民族像石榴籽一样紧紧抱在一起，共同团结奋斗、共同繁荣发展。中华民族是一个命运共同体，一荣俱荣、一损俱损。各民族只有把自己的命运同中华民族的命运紧紧连接在一起，才有前途，才有希望。历史证明，中华民族共同体意识是国家统一之基、民族团结之本、精神力量之魂。实现中华民族伟大复兴的中国梦，需要进一步培育中华民族共同体意识，筑牢各族人民团结奋斗的政治基础、思想基础和社会基础。

Consciência sobre a comunidade da nação chinesa

A consciência sobre a comunidade da nação chinesa é um dos importantes conceitos propostos por Xi Jinping. Em setembro de 2014, na Conferência Central sobre Trabalhos Relativos a Etnias e 6ª Cerimônia em Homenagem aos Trabalhadores Modelos nos Trabalhos da União e do Progresso das Etnias, Xi Jinping enfatizou que o fortalecimento da grande união da nação chinesa tem por objetivo, num alcance longo e essencial, aumentar a identidade cultural, construir uma comunidade espiritual para o povo de todas as etnias e formar a consciência sobre a comunidade da nação chinesa. O relatório do 19º Congresso Nacional do PCCh realçou ainda consolidar a consciência sobre a comunidade da nação chinesa; intensificar os contatos, intercâmbios e integração entre todas as etnias; mobilizar os povos de todas etnias a unir-se estreitamente como se fossem as sementes da romã que se mantêm unidas na luta conjunta para alcançar a prosperidade e o desenvolvimento comum. A China é uma comunidade de destino comum que compartilha o bônus e o ônus. Quando todas as nacionalidades pensarem e ligarem estreitamente seu destino com o destino da nação chinesa, realizarão seu futuro e suas expectativas. A história comprova que a consciência sobre a comunidade da nação chinesa é uma pedra fundamental da unificação do Estado, princípio fundamental da união da nação e a alma da força espiritual. Para realizar o grande sonho da revitalização da nação chinesa, é preciso desenvolver a consciência sobre a comunidade dessa nação, consolidar as bases política, ideológica e social do povo de todas as etnias para uma magnífica luta unida.

党的领导、人民当家作主、依法治国有机统一

党的领导是人民当家作主和依法治国的根本保证，人民当家作主是社会主义民主政治的本质特征，依法治国是党领导人民治理国家的基本方式，三者统一于中国社会主义民主政治伟大实践。在中国政治生活中，党是居于领导地位的，加强党的集中统一领导，支持人大、政府、政协和法院、检察院依法依章程履行职能、开展工作、发挥作用，这两个方面是统一的。具体要求是：改进党的领导方式和执政方式，保证党领导人民有效治理国家；扩大人民有序参与政治，保证人民依法实行民主选举、民主协商、民主决策、民主管理、民主监督；维护国家法制统一、尊严、权威，加强人权法治保障，保证人民依法享有广泛权利和自由。巩固基层政权，完善基层民主制度，保障人民知情权、参与权、表达权、监督权。健全依法决策机制，构建决策科学、执行坚决、监督有力的权力运行机制。各级领导干部要增强民主意识，发扬民主作风，接受人民监督，当好人民公仆。

Unidade orgânica entre a liderança do Partido, a posição do povo como dono do país e a administração do país conforme a lei

A liderança do Partido é a garantia fundamental da posição do povo como dono do país e para a governança do Estado conforme a lei; a posição do povo como dono do país é uma característica inerente à política democrática socialista; e a administração do Estado conforme a lei é o meio básico pelo qual o Partido lidera o povo para administrar o país. Esses três aspectos se integram na grandiosa prática da nossa política democrática socialista. Na vida política da China, o Partido ocupa a posição de liderança. Fortalecer a direção centralizada e unificada do PCCh e apoiar as assembleias populares, governos, comitês da Conferência Consultiva Política, tribunais e procuradorias a exercerem suas funções e desenvolver seus trabalhos conforme as leis e regulamentos são dois aspectos organicamente integrados. As exigências concretas são: é preciso melhorar o estilo de liderança e governança do Partido para garantir que ele administre eficazmente o país junto com o povo por ele liderado; é preciso ampliar a participação política ordenada da população, garantir que ela participe de maneira democrática e conforme a lei nas eleições, nas consultas, na tomada de decisões, na administração e na supervisão; é preciso defender a unidade, a dignidade e a autoridade do sistema legal do país, reforçar a proteção dos direitos humanos conforme a lei e garantir que o povo goze de direitos e liberdades de forma mais ampla. É preciso consolidar o poder político de base, aperfeiçoar o sistema democrático de base e assegurar os direitos da população à informação, participação, expressão e supervisão. É preciso aprimorar o mecanismo de tomada de decisões conforme a lei e criar um mecanismo de funcionamento do poder caracterizado pela decisão científica, execução efetiva e supervisão eficiente. Os quadros dirigentes em todos os níveis devem reforçar a consciência democrática, manter o estilo democrático, aceitar a supervisão da população e servir bem o povo.

人民代表大会制度

社会主义民主政治的本质是人民当家作主。中共十九大报告强调，人民代表大会制度是坚持党的领导、人民当家作主、依法治国有机统一的根本政治制度安排，必须长期坚持、不断完善。要支持和保证人民通过人民代表大会行使国家权力。发挥人大及其常委会在立法工作中的主导作用，健全人大组织制度和工作制度，支持和保证人大依法行使立法权、监督权、决定权、任免权，更好发挥人大代表作用，使各级人大及其常委会成为全面担负起宪法法律赋予的各项职责的工作机关，成为同人民群众保持密切联系的代表机关。完善人大专门委员会设置，优化人大常委会和专门委员会组成人员结构。

Sistema de assembleias populares

O caráter natural da política democrática socialista reside na posição do povo como dono do país. O relatório do 19º Congresso do PCCh reiterou que o sistema de assembleias populares constitui um arranjo político fundamental que integra organicamente a liderança do Partido, a posição do povo como dono do país e a administração do país conforme a lei; por isso, deve ser mantido por longo tempo e aprimorado constantemente. É preciso apoiar e garantir que o povo exerça seu poder por meio do sistema de assembleias populares para que elas e seus comitês permanentes desempenhem bem as funções principais, e aprimorar seus sistemas organizacionais e funcionais. É preciso apoiar e garantir que as assembleias populares exerçam seus poderes de legislação, supervisão, decisão, nomeação e exoneração e permitir que os representantes das assembleias desempenhem melhor suas funções, de modo que as assembleias populares e seus comitês permanentes de todos os níveis se transformem em órgãos de trabalho que assumam integralmente as atribuições definidas na Constituição, nas leis e em órgãos que representam o povo e com ele mantêm laços estreitos. É preciso aprimorar a instituição das comissões especializadas subordinadas às assembleias populares e otimizar a composição estrutural pessoal de seus comitês permanentes e comissões especializadas.

社会主义协商民主

2015年中共中央印发的《关于加强社会主义协商民主建设的意见》中指出：协商民主是在中国共产党领导下，人民内部各方面围绕改革发展稳定重大问题和涉及群众切身利益的实际问题，在决策之前和决策实施之中开展广泛协商，努力形成共识的重要民主形式。中共十九大报告中指出，有事好商量，众人的事情由众人商量，是人民民主的真谛。协商民主是实现中国共产党的领导的重要方式，是中国社会主义民主政治的特有形式和独特优势。社会主义协商民主，具有鲜明的中国特色，是人民民主的重要形式。人民政协是具有中国特色的制度安排，是社会主义协商民主的重要渠道和专门协商机构。中共十九大报告要求，推动协商民主广泛、多层、制度化发展，统筹推进政党协商、人大协商、政府协商、政协协商、人民团体协商、基层协商以及社会组织协商。加强协商民主制度建设，形成完整的制度程序和参与实践，保证人民在日常政治生活中有广泛持续深入参与的权利。

Democracia consultiva socialista

No documento "Opiniões para reforçar a construção da democracia consultiva socialista", emitido em 2015 pelo Comitê Central do PCCh, foi assinalado: a democracia consultiva é uma importante forma de democracia, através da qual, sob a liderança do PCCh, todos os setores do povo realizam amplas consultas tanto antes de tomar decisões quanto nas execuções posteriores a respeito de importantes questões, como reforma, desenvolvimento, estabilidade e questões práticas de interesse vital das massas populares, a fim de chegar a um consenso. O relatório do 19º Congresso Nacional do PCCh assinalou que é uma verdade da democracia popular segundo a qual as coisas de todos devem ser discutidas e feitas por todos mediante consultas. A democracia consultiva é um meio importante para realizar a direção do Partido, a forma singular e a superioridade particular da política democrática socialista da China. A democracia consultiva socialista, com características chinesas, é uma forma importante de democracia popular.

A Conferência Consultiva Política do Povo Chinês (CCPPCh) é um arranjo institucional com características chinesas, um meio importante de democracia consultiva socialista e um órgão consultivo exclusivo. No relatório do 19º Congresso Nacional do PCCh, foi enfatizada a necessidade de promover o desenvolvimento institucional da democracia consultiva de múltiplos níveis e de grande escala e promover de maneira coordenada as consultas dos partidos políticos, assembleias populares, departamentos governamentais, comitês da CCPPCh, associações populares, entidades de base e organizações sociais. É preciso reforçar a construção do sistema da democracia consultiva política e formar um conjunto de procedimentos institucionais e para a participação na prática, de modo a garantir à população o direito a uma participação ampla, contínua e profunda na vida política cotidiana.

机构和行政体制改革

改革开放以来，中国进行了多轮机构和行政体制改革。中共十九大报告中提出了深化机构和行政体制改革的要求。主要举措包括：统筹考虑各类机构设置，科学配置党政部门及内设机构权力、明确职责。统筹使用各类编制资源，形成科学合理的管理体制，完善国家机构组织法。转变政府职能，深化简政放权，创新监管方式，增强政府公信力和执行力，建设人民满意的服务型政府。赋予省级及以下政府更多自主权。在省市县对职能相近的党政机关探索合并设立或合署办公。深化事业单位改革，强化公益属性，推进政事分开、事企分开、管办分离。2018年2月中共十九届三中全会审议通过了《中共中央关于深化党和国家机构改革的决定》和《深化党和国家机构改革方案》，党和国家机构改革迈出新的步伐。

Reforma dos organismos e do sistema administrativo

Desde o início da reforma e abertura, a China tem feito várias rodadas de reforma dos organismos e do sistema administrativo. O relatório do 19º Congresso Nacional do PCCh formulou exigências para aprofundar a reforma dos organismos e do sistema administrativo, propondo as seguintes atuações: considerar com uma visão integral a estrutura institucional de organismos de diferentes ramos; distribuir cientificamente os poderes nos departamentos do Partido e do governo e nos seus órgãos constitutivos, além de definir claramente suas respectivas atribuições e obrigações; utilizar de forma coordenada os recursos humanos do quadro de pessoal constituído por diversas formas a fim de formar um sistema administrativo científico e apropriado e aperfeiçoar a lei orgânica dos organismos estatais; transformar as funções do governo, aprofundar a simplificação da administração e a descentralização de poderes, inovar os modos de supervisão, aumentar a credibilidade entre o público e a capacidade executiva governamental, com o objetivo de construir um governo cujos serviços satisfaçam a população; atribuir uma autonomia maior aos governos de níveis provinciais ou inferiores; estudar possibilidades para juntar organismos partidários e governamentais de competências semelhantes nas províncias, municípios e distritos ou trabalhar em conjunto numa mesma sede; aprofundar a reforma nas instituições públicas, reforçar o seu carácter de interesse público e promover a separação entre as funções governamentais e as de instituições públicas, entre as funções das instituições públicas e as das empresas, e entre a administração e a gestão operacional. Em fevereiro de 2018, a 3ª sessão plenária do 19º Comitê Central do PCCh revisou e aprovou a "Decisão do Comitê Central do PCCh sobre o Aprofundamento da Reforma das Instituições do Partido e do Estado e o Plano sobre a Reforma Institucional do Partido e do Estado", dando novos passos na reforma das instituições do Partido e do Estado.

国家监察体制改革

国家监察体制改革是中国的一项事关全局的重大政治体制改革举措。2016年11月，中国在北京市、山西省、浙江省开展国家监察体制改革试点，探索在上述3省市设立各级监察委员会。中共十九大报告提出，深化国家监察体制改革，将试点工作在全国推开，组建国家、省、市、县监察委员会，同党的纪律检查机关合署办公，实现对所有行使公权力的公职人员监察全覆盖。制定国家监察法，依法赋予监察委员会职责权限和调查手段，用留置取代"两规"措施。2017年10月，十二届全国人大常委会第三十次会议审议通过全国人大常委会关于在全国各地推开国家监察体制改革试点工作的决定草案。2017底2018年初召开的省、市、县人民代表大会全部产生监察委员会。监察体制改革与地方人大换届工作紧密衔接，将推动改革持续深入，实现全面从严治党与全面深化改革、全面依法治国有机统一。

Reforma do sistema nacional de supervisão

A reforma do sistema nacional de supervisão é uma grande atuação da reforma do sistema político na China e é estreitamente ligada ao contexto global. Em novembro de 2016, foi lançado o projeto piloto da reforma no sistema nacional de supervisão em Beijing e nas províncias de Shanxi e Zhejiang com a instituição de comissões supervisionais em todos os níveis nas três regiões. O 19º Congresso Nacional do PCCh solicitou, em seu relatório, aprofundar a reforma do sistema nacional de supervisão e generalizar o projeto piloto em todo o país com o estabelecimento de comissões de supervisão de nível estatal, provincial, municipal e distrital para que elas trabalhem junto com os órgãos de inspeção disciplinar do Partido a fim de realizar uma cobertura total de supervisão para com todos os funcionários que exercem a função pública. É preciso elaborar a lei nacional de supervisão que defina atribuições e meios de investigação para as comissões supracitadas e substituir a medida *shuanggui* (ação disciplinar interpartidária para que o membro do Partido envolvido coopere nas investigações e inquirições em local designado e no tempo determinado) por detenção. Em outubro de 2017, a 30ª Reunião do Comitê Permanente da 12ª Assembleia Popular Nacional revisou e aprovou o projeto de Decisão do Comitê Permanente da Assembleia Popular Nacional sobre o Desenvolvimento da Reforma do Sistema de Supervisão do Estado em toda a China. Nas assembleias populares em níveis provincial, municipal e distrital, realizadas entre fins do ano 2017 e início do ano 2018, foram estabelecidas as respectivas comissões de todos os níveis supracitados. A reforma do sistema de supervisão se conecta efetivamente com as reeleições das assembleias regionais e locais, promovendo a unidade orgânica entre o aprofundamento da reforma, a administração rigorosa e integral do Partido e a administração integral do Estado conforme a lei.

爱国统一战线

统一战线是党的事业取得胜利的重要法宝，必须长期坚持。中共十九大报告提出巩固和发展爱国统一战线的要求。具体举措包括：高举爱国主义、社会主义旗帜，牢牢把握大团结大联合的主题，坚持一致性和多样性统一，找到最大公约数，画出最大同心圆。坚持长期共存、互相监督、肝胆相照、荣辱与共，支持民主党派按照中国特色社会主义参政党要求更好履行职能。深化民族团结进步教育，铸牢中华民族共同体意识，加强各民族交往交流交融，促进各民族像石榴籽一样紧紧抱在一起，共同团结奋斗、共同繁荣发展。全面贯彻党的宗教工作基本方针，坚持中国宗教的中国化方向，积极引导宗教与社会主义社会相适应。加强党外知识分子工作，做好新的社会阶层人士工作，发挥他们在中国特色社会主义事业中的重要作用。构建亲清新型政商关系，促进非公有制经济健康发展和非公有制经济人士健康成长。广泛团结联系海外侨胞和归侨侨眷，共同致力于中华民族伟大复兴。

A frente única patriótica

A frente única é um importante tesouro para alcançar a vitória da causa do Partido, sendo, por isso, necessário persistir nela por muito tempo. No seu relatório, o 19º Congresso Nacional do PCCh demandou a consolidação e o desenvolvimento da frente única patriótica, propondo as seguintes medidas: empunhar no alto as bandeiras do patriotismo e do socialismo; aderir firmemente aos tópicos da grande união e grande aliança; persistir na concordância entre a uniformidade e a diversidade para encontrar o maior divisor comum e traçar os maiores círculos concêntricos; persistir no princípio de coexistência duradoura, supervisão mútua, sinceridade recíproca e compartilhamento das glórias e desonras e apoiar os partidos democráticos no melhor cumprimento de suas funções conforme as exigências para os partidos participantes do poder socialista com características chinesas; reforçar a educação sobre a união e o progresso nacional; consolidar a consciência sobre a comunidade da nação chinesa; intensificar os contatos, intercâmbios e integração entre todas as etnias, fazendo com que elas se unam estreitamente como se fossem as sementes de uma romã e se mantenham unidas na luta conjunta para alcançar a prosperidade e o desenvolvimento comum; implementar integralmente a diretriz básica do Partido referente ao trabalho religioso, seguir o rumo de adaptação das religiões à prática chinesa e orientá-las para que se ajustem à sociedade socialista; melhorar os trabalhos voltados aos intelectuais não pertencentes ao Partido e às personalidades de novos estratos sociais para que eles exerçam sua importante função na causa do socialismo com características chinesas; construir um novo tipo de relações próximas e limpas entre os órgãos governamentais e as empresas de propriedade não pública e incentivar o crescimento saudável das economias de propriedade não pública, bem como das personalidades que trabalham com as economias de propriedade não pública; e unir amplamente os chineses ultramarinos, bem como os chineses repatriados e seus familiares, conjugando esforços para a grande revitalização da nação chinesa.

亲清新型政商关系

2016年3月4日，习近平看望出席全国政协十二届四次会议的民建、工商联委员并参加了他们的小组讨论时，提出了“新型政商关系”的理念，并用“亲”和“清”两个字进行了概括。对领导干部而言，所谓“亲”，就是坦荡真诚同民营企业接触交往，特别是在民营企业遇到困难和问题情况下更要积极作为、靠前服务，对非公有制经济人士多关注、多谈心、多引导，帮助解决实际困难，真心实意支持民营经济发展。所谓“清”，就是同民营企业家的关系要清白、纯洁，不能有贪心私心，不能以权谋私，不能搞权钱交易。对民营企业家而言，所谓“亲”，就是积极主动同各级党委和政府及部门多沟通多交流，讲真话，说实情，建诤言，满腔热情支持地方发展。所谓“清”，就是要洁身自好、走正道，做到遵纪守法办企业、光明正大搞经营。

Novo tipo de relações próximas e limpas entre governantes e empresários

No dia 4 de março de 2016, Xi Jinping conversou com os membros da Associação da Construção Democrática e da Federação da Indústria e Comércio que estavam participando da 4ª sessão do 12º Comitê Nacional da Conferência Consultiva Política do Povo Chinês, tendo apresentado o conceito de "novo tipo da relação entre governantes e empresários". Nela, essa relação foi definida como "próxima" e "limpa". Para os quadros dirigentes do Partido, "próximo" significa que eles devem manter contatos francos e sinceros com os empresários do setor privado, atuar e prestar serviços de forma ativa em caso de problemas ou dificuldades enfrentadas pelas empresas privadas, além de dar maior atenção e assistência ao pessoal em setores não estatais, ajudando-os a resolver problemas reais. "Limpo" significa que os governantes devem manter uma relação limpa e isenta de interesses com os empresários, ao invés de ter avidez e cobiça ou usar seu poder para negociar interesses privados, ou realizar tráfico de influência. Para os empresários, o termo "próximo" significa manter contatos e melhorar a comunicação com os órgãos governamentais e partidários de todos os níveis, falar a realidade, fazer propostas e apoiar o desenvolvimento local. O termo "limpo" significa manter a integridade, honestidade e fazer operações e negócios das empresas em conformidade com as leis.

九、坚定文化自信，推动社会主义文化繁荣兴盛

IX. Reforçar a convicção na cultura e promover a prosperidade da cultura socialista

中国特色社会主义文化发展道路

文化是一个国家、一个民族的灵魂。文化兴国运兴，文化强民族强。中国特色社会主义文化，源自于中华民族五千多年文明历史所孕育的中华优秀传统文化，熔铸于党领导人民在革命、建设、改革中创造的革命文化和社会主义先进文化，植根于中国特色社会主义伟大实践。2011年10月召开的中共十七届六中全会提出，坚持中国特色社会主义文化发展道路，努力建设社会主义文化强国。中共十八大以来，中国特色社会主义文化发展道路不断推进，中共十九大明确指出，坚持中国特色社会主义文化发展道路，激发全民族文化创新创造活力，建设社会主义文化强国。

发展中国特色社会主义文化，就是以马克思主义为指导，坚守中华文化立场，立足当代中国现实，结合当今时代条件，发展面向现代化、面向世界、面向未来的，民族的科学的大众的社会主义文化，推动社会主义精神文明和物质文明协调发展。必须坚持为人民服务、为社会主义服务，坚持百花齐放、百家争鸣，坚持创造性转化、创新性发展，不断铸就中华文化新辉煌。在推动社会主义文化建设中要做到：牢牢掌握意识形态工作领导权；培育和践行社会主义核心价值观；加强思想道德建设；繁荣发展社会主义文艺；推动文化事业和文化产业发展。

Caminho do desenvolvimento da cultura socialista com características chinesas

A cultura constitui a alma de um país e de uma nação. Se a cultura for próspera, o país se tornará prospero; se a cultura for forte, a nação se tornará poderosa. A cultura socialista com características chinesas se origina da excelente cultura tradicional chinesa, sendo concebida nos mais de 5 mil anos de história da civilização chinesa, forjada na cultura revolucionária e na cultura avançada socialista, criadas pela população sob a direção do Partido no processo da revolução, construção e reforma e enraizada na grande prática do socialismo com características chinesas. Na 6ª sessão plenária do 17º Comitê Central do PCCh, realizada em outubro de 2011, foi solicitada a persistência no caminho do desenvolvimento da cultura socialista com características chinesas e na construção de uma potência de cultura socialista. Desde o 18º Congresso Nacional do PCCh, o caminho do desenvolvimento da cultura socialista vem sendo promovido constantemente. No 19º Congresso Nacional do PCCh, foi enfatizada claramente a necessidade de persistir no caminho do desenvolvimento cultural socialista com características chinesas e fomentar a dinâmica de inovação e de criatividade cultural de toda a nação chinesa para construir um país socialista culturalmente avançado.

O desenvolvimento da cultura socialista com características chinesas consiste justamente no desenvolvimento de uma cultura nacional, científica e de massas voltada à modernização, ao mundo e ao futuro, com a orientação do marxismo e em consideração à posição da cultura chinesa, à realidade da China atual e às condições da época, com o objetivo de promover o desenvolvimento coordenado das dimensões espiritual e material do socialismo. Devemos persistir em servir o povo e o socialismo, na diretriz de deixar "cem flores desabrochar e cem escolas concorrer", para fomentar a transformação criativa e o desenvolvimento inovador, a fim de criar constantemente novos êxitos esplêndidos da cultura chinesa.

意识形态工作领导权

意识形态决定文化的前进方向和发展道路。中共十九大报告强调，牢牢掌握意识形态工作领导权。具体举措包括：必须推进马克思主义中国化时代化大众化，建设具有强大凝聚力和引领力的社会主义意识形态，使全体人民在理想信念、价值理念、道德观念上紧紧团结在一起。加强理论武装，推动新时代中国特色社会主义思想深入人心。深化马克思主义理论研究和建设，加快构建中国特色哲学社会科学，加强中国特色新型智库建设。高度重视传播手段建设和创新，提高新闻舆论传播力、引导力、影响力、公信力。加强互联网内容建设，建立网络综合治理体系，营造清朗的网络空间。落实意识形态工作责任制，加强阵地建设和管理，注意区分政治原则问题、思想认识问题、学术观点问题，旗帜鲜明反对和抵制各种错误观点。

Liderança do trabalho ideológico

A ideologia determina a direção e o caminho do desenvolvimento da cultura. O relatório do 19º Congresso Nacional do PCCh enfatizou que o Partido deve dominar firmemente a liderança do trabalho ideológico. As medidas concretas incluem: promover a adaptação do marxismo à prática chinesa e sua popularização e acompanhamento das tendências dos tempos e construir uma ideologia socialista de grande força coesiva e orientadora para que todo o povo se una estreitamente aos ideais e convicções, conceitos de valores e conceitos éticos; reforçar os trabalhos para todos estarem armados com as teorias, para que o socialismo com características chinesas se enraíze na mente de todos; aprofundar a construção e a pesquisa teórica do marxismo, acelerar a construção de ciências sociais e filosofia com características chinesas e reforçar a construção de um novo tipo de *think tank* com características chinesas; dar maior importância à construção e à inovação dos meios de difusão, reforçando a eficiência, força orientadora, influência e credibilidade dos meios de comunicação social; intensificar a construção do conteúdo cibernético e o estabelecimento de um sistema de administração integral do setor cibernético a fim de criar um ciberespaço limpo e saudável; pôr em prática o sistema de responsabilidade pelo trabalho ideológico, intensificar a construção e a administração, distinguir problemas de princípios políticos, de conhecimentos ideológicos e de conceitos acadêmicos e se opor e resistir categoricamente a todos os pontos de vista errados.

社会主义核心价值观

社会主义核心价值观是当代中国精神的集中体现，凝结着全体人民共同的价值追求。2012年11月召开的中共十八大提出了培育和践行社会主义核心价值观的根本任务，强调要倡导富强、民主、文明、和谐，倡导自由、平等、公正、法治，倡导爱国、敬业、诚信、友善。社会主义核心价值观把涉及国家、社会、公民三个层面的价值要求融为一体，体现了社会主义意识形态的本质要求，体现了社会主义制度在思想和精神层面的质的规定性。2017年中共十九大对培育和践行社会主义核心价值观提出明确要求：要以培养担当民族复兴大任的时代新人为着眼点，强化教育引导、实践养成、制度保障，发挥社会主义核心价值观对国民教育、精神文明创建、精神文化产品创作生产传播的引领作用，把社会主义核心价值观融入社会发展各方面，转化为人们的情感认同和行为习惯。坚持全民行动、干部带头，从家庭做起，从娃娃抓起。深入挖掘中华优秀传统文化蕴含的思想观念、人文精神、道德规范，结合时代要求继承创新，让中华文化展现出永久魅力和时代风采。

O conceito de valores-chave do socialismo

O conceito de valores-chave do socialismo é uma reflexão concentrada do espírito da China atual e nele estão cristalizados os valores comuns buscados por toda a população. Em novembro de 2012, no 18º Congresso Nacional do PCCh, foi apresentada a missão fundamental de cultivar e praticar os valores-chave do socialismo, que incluem prosperidade, democracia, civilização, harmonia, liberdade, igualdade, justiça, estado de direito, patriotismo, dedicação profissional, integridade e amizade. Os valores-chave do socialismo integram os valores em nível de Estado, sociedade e cidadão, demonstram a demanda essencial da ideologia socialista e o caráter prescritivo do sistema socialista em nível de pensamento e espírito. No 19º Congresso Nacional do PCCh, foram expressamente apresentadas as exigências de cultivar e praticar o conceito de valores-chave do socialismo: ter como foco a formação de um novo tipo de cidadão desta era que seja capaz de assumir a grande tarefa de revitalização da nação, reforçar a educação para orientar, a prática para cultivar a boa conduta e o sistema para a garantia; desempenhar o papel orientador do conceito de valores-chave do socialismo tanto na educação nacional e na construção da civilização espiritual como na criação, produção e difusão de produtos culturais e espirituais, de maneira a integrar o conceito de valores-chave do socialismo a todos os aspectos do desenvolvimento social, transformando-os em unanimidade ideológica e no comportamento das pessoas. É preciso apostar na ação de todo o povo e no papel de vanguarda dos quadros dirigentes, além de desenvolver o trabalho a partir das famílias e crianças. É preciso explorar profundamente as ideias e conceitos, espírito humanista e normas éticas contidas na excelente cultura tradicional chinesa, herdá-las e inová-las conforme as exigências da época, para que a cultura chinesa exiba um encanto duradouro e o charme de sua época.

讲好中国故事

2013年8月，在全国宣传思想工作会议上，习近平提出了“讲好中国故事”的明确要求。他不仅是这一要求的倡导者，也是这一要求的践行者，尤其是在对外交往中，讲述了很多温暖人心的故事，这些故事贯穿着中国历史文化之“道”、中国改革发展之“道”、中国参与世界治理之“道”，拉近了中外民众的距离，向世界形象传递了中国观点和中国态度。在当代中国，实现中华民族伟大复兴的中国梦是最宏大、最精彩的故事。中国故事能不能讲好，中国声音能不能传播好，关键要看受众是否愿意听、听得懂，能否形成良性互动，产生更多共鸣。为此，中国正在通过加强国际传播能力建设、推动传统媒体与新兴媒体融合发展、打造融通中外的话语体系等措施，向世界展现真实、立体、全面的中国，提高国家文化软实力和中华文化影响力。

Contar bem as histórias da China

Em uma conferência nacional sobre os trabalhos de difusão e divulgação realizada em agosto de 2013, Xi Jinping enfatizou a necessidade de "contar bem as histórias da China". Ele não foi apenas o proponente dessa ideia, mas também seu praticante. Em reuniões e encontros com estrangeiros, ele contou muitas histórias que aquecem o coração de outros. As histórias elucidam a "trajetória" da cultura e da história da China, a "trajetória" percorrida na reforma e desenvolvimento da China e a "trajetória" da participação da China na governança global, transmitindo vividamente os pontos de vista e atitudes da China e diminuindo a distância entre o povo chinês e os povos estrangeiros. Na China atual, a concretização do sonho chinês da grande revitalização da nação chinesa é uma história magnífica e esplêndida. A questão-chave para contar bem as histórias e difundir bem a voz da China reside em que elas sejam ou não bem recebidas e entendidas pelos ouvintes, tenham ou não efeitos de uma interação entre o interlocutor e o ouvinte e se este concorda com aquele. Para tal fim, a China pretende fortalecer sua capacidade de comunicação, difusão e divulgação na arena internacional, promover o desenvolvimento coordenado entre as mídias tradicionais e as novas mídias e adotar medidas para formar um sistema de expressão entre a China e o exterior, para apresentar a todos uma China verdadeira, multidimensional e integral, de modo a aumentar o poder brando cultural do nosso país e a influência da cultura chinesa.

十、提高保障和改善民生水平，加强和创新社会治理

X. Melhorar a seguridade social e a vida do povo, reforçar e inovar a governança social

脱贫攻坚战

改革开放近40年来，中国经济社会发展取得巨大成就，几亿贫困人口脱贫，完成这期间全世界超过70%的减贫任务。中共十八大以来，中国通过实施精准扶贫、精准脱贫，加大扶贫投入，创新扶贫方式，扶贫开发工作呈现新局面，6000多万贫困人口稳定脱贫，贫困发生率从10.2%下降到4%以下，创造了中国扶贫史上的最好成绩。中国成为世界上减贫人口最多的国家，也是世界上率先实现联合国千年发展目标的国家。但中国脱贫攻坚形势依然严峻。截止2017年年底，全国贫困人口还有约3000万人，其中相当一部分居住在艰苦边远地区，处于深度贫困状态，属于脱贫攻坚“最重的担子”、“最硬的骨头”。让贫困人口和贫困地区同全国一道进入全面小康社会是中国共产党的庄严承诺。中共十九大报告提出坚决打赢脱贫攻坚战。要求动员全党全国全社会力量，坚持精准扶贫、精准脱贫，坚持中央统筹省负总责市县抓落实的工作机制，强化党政一把手负总责的责任制，坚持大扶贫格局，注重扶贫同扶志、扶智相结合，深入实施东西部扶贫协作，重点攻克深度贫困地区脱贫任务，确保到2020年中国现行标准下农村贫困人口实现脱贫，贫困县全部摘帽，解决区域性整体贫困，做到脱真贫、真脱贫。

Batalha final de erradicação da pobreza

Nos últimos 40 anos, desde o início da reforma e abertura, a China tem alcançado grandes progressos socioeconômicos, tendo retirado centenas de milhões de pessoas da pobreza, um número que corresponde a mais de 70% do total da população mundial que saiu da pobreza. Desde o 18º Congresso Nacional do PCCh, por meio de trabalhos feitos no alívio e erradicação da pobreza com precisão, no aumento do investimento e na inovação de novos meios para esse fim, registrou-se um novo panorama nessa área, com mais de 60 milhões de chineses retirados da pobreza de forma estável e queda na taxa de ocorrência da pobreza de 10,2% para menos de 4%, sendo os melhores dados na luta contra a pobreza na China. A China é, no mundo, o país com a maior população vivendo na pobreza e, ao mesmo tempo, é o país que ficou em primeiro lugar nos objetivos de Desenvolvimento do Milênio da ONU. Porém a situação da batalha de erradicação da pobreza na China ainda é grave. Até o final de 2017, mais de 30 milhões de chineses estavam vivendo na pobreza, dos quais uma boa parte ainda vive em extrema pobreza nas regiões montanhosas pobres e remotas e é considerada a "missão mais pesada" e o "osso mais duro" na batalha contra a pobreza. É um compromisso solene do PCCh que as pessoas que vivem abaixo da linha da pobreza e as zonas empobrecidas entrem, junto com o restante do país, em uma sociedade moderadamente próspera em todos os aspectos. O relatório do 19º Congresso Nacional do PCCh enfatizou a necessidade de alcançar a vitória da batalha final de erradicação da pobreza e demandou mobilizar as forças de todo o Partido, de todo o país e de toda a sociedade para persistir no alívio e erradicação da pobreza com precisão, persistir no mecanismo de trabalho no qual a direção central é responsável pelo planejamento e coordenação gerais, as direções provinciais comandem os trabalhos e as direções municipais e distritais cumpram as tarefas. É preciso fortalecer o sistema de responsabilização, segundo o qual os chefes das organizações partidárias e dos governos assumem a responsabilidade geral, persistir no alívio da pobreza em grande escala, ajudar as pessoas a ter confiança na própria capacidade de sair da pobreza e ter acesso à educação e formação; impulsionar profundamente a colaboração e coordenação entre as regiões Leste e Oeste e cumprir prioritariamente a tarefa de erradicar a pobreza nas zonas que estão na extrema pobreza, zerando, até 2020, a população carente definida segundo o critério atual de pobreza, enquanto os distritos atualmente classificados como pobres deixam de sê-lo, ou seja, erradicando-se a pobreza de região para região, concretizando assim a erradicação efetiva da pobreza e a saída verdadeira da pobreza.

就业是最大的民生

中国是一个13亿多人口的发展中大国，庞大的人口基数决定了就业问题是中国最大的民生问题。中共十八大以来，各项促就业、助创业的政策陆续出台，就业状况持续改善，成功解决了6500万人的就业问题。中共十九大报告明确指出，就业是最大的民生。提出，坚持就业优先战略和积极就业政策，实现更高质量和更充分就业。大规模开展职业技能培训，注重解决结构性就业矛盾，鼓励创业带动就业。提供全方位公共就业服务，促进高校毕业生等青年群体、农民工多渠道就业创业。破除妨碍劳动力、人才社会性流动的体制机制弊端，使人人都有通过辛勤劳动实现自身发展的机会。

O emprego é o principal meio de subsistência da população

A China é um grande país em desenvolvimento com uma população de mais de 1,3 bilhão de habitantes. Diante desse número, percebe-se que o emprego é a questão mais crucial para a sobrevivência do povo chinês. Desde o 18º Congresso Nacional do PCCh, foram lançadas políticas para incentivar o emprego e favorecer o empreendimento, melhorando constantemente a situação do emprego e ajudando 65 milhões de pessoas a encontrar trabalho. O relatório do 19º Congresso Nacional do PCCh apontou claramente a importância suprema do emprego para o bem-estar do povo. Por isso, é preciso persistir na estratégia de prioridade do emprego e na política de geração de empregos para melhorar a situação com postos de trabalho de qualidade e alcançar o pleno emprego. Além disso, é preciso realizar em maior escala a capacitação de habilidades técnicas e profissionais, dar importância à solução das contradições estruturais existentes no âmbito do emprego, estimular a criação dos postos de trabalho por meio das atividades empreendedoras, oferecer mais empregos públicos em todas as áreas e disponibilizar múltiplos meios aos grupos de jovens, incluindo graduados das instituições de ensino superior, e aos trabalhadores migrantes rurais para que consigam empregos ou realizem atividades empreendedoras, eliminar as barreiras derivadas dos sistemas e mecanismos que restringem a mobilidade social de pessoas qualificadas para que todos tenham a oportunidade de realizar o próprio desenvolvimento mediante o trabalho diligente.

多层次社会保障体系

社会保障是民生的保护网、风险的缓冲器，与人民幸福安康息息相关，关系国家长治久安。中共十九大报告提出，按照兜底线、织密网、建机制的要求，全面建成覆盖全民、城乡统筹、权责清晰、保障适度、可持续的多层次社会保障体系。为实现此政策目标，中国将主要采取如下措施：全面实施全民参保计划；完善城镇职工基本养老保险和城乡居民基本养老保险制度，尽快实现养老保险全国统筹；完善统一的城乡居民基本医疗保险制度和大病保险制度；完善失业、工伤保险制度；建立全国统一的社会保险公共服务平台；统筹城乡社会救助体系，完善最低生活保障制度，完善社会救助、社会福利、慈善事业、优抚安置等制度。

Sistema de seguridade social multidimensional

A seguridade social é a rede de proteção para a sobrevivência do povo e serve para aliviar os riscos. Por isso ela está intimamente ligada à vida feliz, segura e saudável do povo, bem como à estabilidade e segurança duradoura do país. O relatório do 19º Congresso Nacional do PCCh propôs que, observando-se as exigências mínimas, deve-se formar uma rede efetiva de seguridade social e estabelecer os devidos mecanismos. É preciso completar a construção integral de um sistema de seguridade social multidimensional caracterizado pela cobertura de toda a população, coordenação entre as zonas urbana e rural, delimitação clara dos poderes e das responsabilidades, seguridade devida e sustentabilidade. Para alcançar tal objetivo, a China adotará as seguintes medidas: aplicar em todo o país o plano de incorporação de todo o povo aos seguros sociais; aprimorar o sistema de seguro básico aos idosos para os trabalhadores urbanos e o sistema para os residentes urbanos e rurais, realizando o mais rapidamente possível a coordenação nacional do seguro básico aos idosos; melhorar o sistema unificado de seguro médico básico e o de seguro de doenças graves para as populações urbana e rural e, ao mesmo tempo, aperfeiçoar o sistema de seguro-desemprego e seguro de acidentes de trabalho; criar uma plataforma nacional unificada de serviços públicos sobre os seguros sociais; coordenar o sistema de assistência social nas zonas urbana e rural, aperfeiçoar o sistema de garantia das condições mínimas de vida e os sistemas de assistência social, benefícios sociais, causa de caridade, bem como de tratamento preferencial para os militares inativos e determinados indivíduos e seus familiares, incluindo auxílio de instalação.

健康中国战略

人民健康是民族昌盛和国家富强的重要标志。中共十九大报告提出，完善国民健康政策，为人民群众提供全方位全周期健康服务。深化医药卫生体制改革，全面建立中国特色基本医疗卫生制度、医疗保障制度和优质高效的医疗卫生服务体系，健全现代医院管理制度。加强基层医疗卫生服务体系和全科医生队伍建设。全面取消以药养医，健全药品供应保障制度。坚持预防为主，深入开展爱国卫生运动，倡导健康文明生活方式，预防控制重大疾病。实施食品安全战略，让人民吃得放心。坚持中西医并重，传承发展中医药事业。支持社会办医，发展健康产业。促进生育政策和相关经济社会政策配套衔接，加强人口发展战略研究。积极应对人口老龄化，构建养老、孝老、敬老政策体系和社会环境，推进医养结合，加快老龄事业和产业发展。

Estratégia de uma China saudável

O povo saudável é um importante indício da florescência da nação e da prosperidade e fortalecimento do país. O relatório do 19º Congresso Nacional do PCCh assinalou que é preciso aperfeiçoar a política relativa à saúde da população e prestar a ela os serviços de saúde omnidirecionais e durante todas as fases da vida. É preciso aprofundar a reforma dos sistemas médico, farmacêutico e sanitário, implantar em todo o país sistemas com caraterísticas chinesas, nomeadamente o de assistência médico-sanitária básica, o de garantia de assistência médica básica e o de serviços médico-sanitários de boa qualidade e alta eficiência, assim como aprimorar o sistema moderno de administração de hospitais. É preciso reforçar a construção do sistema de serviços médico-sanitários nos níveis de base e a formação de médicos clínicos gerais. A prática de que os hospitais sustentam seu serviço médico à custa dos medicamentos caros vendidos aos pacientes será abolida em todo o país e o sistema de garantia do abastecimento farmacêutico será aperfeiçoado. É preciso persistir na prevenção como tarefa principal, realizar de forma profunda a campanha patriótica de saúde e higiene e estimular um modo de vida mais saudável e civilizado, prevenindo e controlando as doenças graves. É preciso implementar a estratégia de segurança dos produtos alimentares para que o povo não se preocupe com o que está no prato. É preciso persistir na mesma importância atribuída tanto à medicina tradicional chinesa quanto à medicina ocidental, continuando e desenvolvendo a medicina e farmacologia tradicionais chinesas. É preciso estimular as forças sociais para que participem do estabelecimento e administração das entidades médicas e desenvolver a indústria da saúde. É preciso impulsionar a conexão entre a política de planejamento familiar e as respectivas políticas socioeconômicas, e reforçar os estudos sobre a estratégia do desenvolvimento demográfico. É preciso enfrentar ativamente o envelhecimento populacional, implantar políticas institucionais e o ambiente social para cuidar, tratar com piedade filial e respeitar os idosos, impulsionar a integração entre a assistência médica e as medidas para cuidar deles, acelerando o desenvolvimento da causa e da indústria voltadas para a terceira idade.

共建共治共享的社会治理格局

2016年3月发布的《中华人民共和国国民经济和社会发展第十三个五年规划纲要》提出“构建全民共建共享的社会治理格局”，明确了社会治理不是简单的管理与被管理的关系，而是共同参与的理念，这是探索实现中国社会治理现代化的指导思想和实践路径。中共十九大报告进一步提出“打造共建共治共享的社会治理格局”。明确打造共建共治共享的社会治理格局需要：加强社会治理制度建设，完善党委领导、政府负责、社会协同、公众参与、法治保障的社会治理体制，提高社会治理社会化、法治化、智能化、专业化水平；加强预防和化解社会矛盾机制建设，正确处理人民内部矛盾；树立安全发展理念，弘扬生命至上、安全第一的思想，健全公共安全体系，完善安全生产责任制，坚决遏制重特大安全事故，提升防灾减灾救灾能力；加快社会治安防控体系建设，依法打击和惩治黄赌毒黑拐骗等违法犯罪活动，保护人民人身权、财产权、人格权；加强社会心理服务体系建设，培育自尊自信、理性平和、积极向上的社会心态；加强社区治理体系建设，推动社会治理重心向基层下移，发挥社会组织作用，实现政府治理和社会调节、居民自治良性互动。

Panorama de governança social caracterizado pela construção e administração conjunta e compartilhada

O 13º Plano Quinquenal para o Desenvolvimento Econômico e Social da China, publicado em março de 2016, propôs "formar um panorama da governança social construída e compartilhada pelo povo", definindo que a governança social não é simplesmente uma relação entre "gerenciar" e "ser gerenciado", mas sim um conceito de participação conjunta. Trata-se de uma ideia orientadora e caminho prático na busca da modernização da governança da sociedade chinesa. O relatório do 19º Congresso Nacional do PCCh destacou ainda mais a "formação de um panorama de governança social caracterizado pela construção e administração conjunta e compartilhada", tendo expressado as seguintes necessidades para tal fim: fortalecer a construção do sistema de governança social e aperfeiçoar o sistema e o mecanismo de governança social com a liderança do Comitê do Partido, a responsabilidade do governo, a coordenação dos diversos setores sociais, a participação do público e a garantia da legalidade, elevando seu nível de socialização, legalização, inteligência e profissionalização. É preciso reforçar a construção do mecanismo de prevenção e dissipação das contradições e tratar de maneira correta as contradições no meio do povo. É preciso ter a percepção sobre o desenvolvimento seguro, estimular a ideia de ter "a vida acima de tudo e a segurança em primeiro lugar", aprimorar o sistema de segurança pública, aperfeiçoar o sistema de responsabilidade para a segurança no trabalho, prevenir e controlar de forma firme a ocorrência de acidentes graves e extremamente graves, e melhorar a capacidade para prevenir e reduzir desastres, assim como a capacidade para responder às calamidades. É preciso acelerar a construção do sistema de prevenção e controle no âmbito da ordem pública, combater e punir conforme a lei as atividades criminosas, como pornografia, jogos de azar, drogas, tráfico de pessoas e fraudes, a fim de proteger os direitos das pessoas à integridade física, à propriedade e à dignidade. É preciso ainda reforçar a construção do sistema de serviços de psicologia social e cultivar uma mentalidade social de dignidade, autoconfiança, racionalidade, serenidade e dinamismo. É preciso fortalecer a construção do sistema de administração comunitária, transferir o centro de gravidade da governança social para as unidades de base e desenvolver as funções das organizações sociais com o objetivo de realizar a interação positiva da administração governamental com a regulação social e a autoadministração dos cidadãos.

总体国家安全观

统筹发展和安全，增强忧患意识，做到居安思危，是中国共产党治国理政的一个重大原则。2014年4月，习近平在主持召开中央国家安全委员会第一次会议时强调，坚持总体国家安全观，以人民安全为宗旨，以政治安全为根本，以经济安全为基础，以军事、文化、社会安全为保障，以促进国际安全为依托，走出一条中国特色国家安全道路。总体国家安全观要求：既重视外部安全，又重视内部安全，对内求发展、求变革、求稳定、建设平安中国，对外求和平、求合作、求共赢、建设和谐世界；既重视国土安全，又重视国民安全，坚持以民为本、以人为本，坚持国家安全一切为了人民、一切依靠人民，真正夯实国家安全的群众基础；既重视传统安全，又重视非传统安全，构建集政治安全、国土安全、军事安全、经济安全、文化安全、社会安全、科技安全、信息安全、生态安全、资源安全、核安全等于一体的国家安全体系；既重视发展问题，又重视安全问题，发展是安全的基础，安全是发展的条件；既重视自身安全，又重视共同安全，打造命运共同体，推动各方朝着互利互惠、共同安全的目标相向而行。必须完善国家安全制度体系，加强国家安全能力建设，坚决维护国家主权、安全、发展利益。

Visão global de segurança nacional

Coordenar o desenvolvimento e a segurança, fortalecer a consciência contra as adversidades e pensar nos riscos e crises em tempos de paz constituem um importante princípio do Partido para a governança do país. Em abril de 2014, na primeira reunião da Comissão de Segurança Nacional do Comitê Central do PCCh, Xi Jinping enfatizou que a China deve manter uma visão global de segurança nacional, tendo a segurança do povo como objetivo final, a segurança política como tarefa fundamental, a segurança econômica como base, a segurança militar, cultural e pública como meio de garantia e a promoção da segurança internacional como suporte, a fim de lograr um caminho de segurança do país com características chinesas.

Para implementar a visão global de segurança nacional, é preciso atribuir igual importância tanto à segurança interna como à segurança externa. Internamente, é preciso promover o desenvolvimento, continuar a reforma, manter a estabilidade e nos esforçarmos para construir um país seguro e de paz. Externamente, é preciso buscar a paz, a cooperação e o benefício mútuo, além de nos esforçarmos para construir um mundo harmonioso. É preciso dar importância tanto à segurança territorial como à segurança de vida do povo, seguir o princípio de colocar os interesses do povo em primeiro lugar e insistir no princípio de que a segurança nacional serve o povo e se apoia nele para consolidar ainda mais sua base, que é pautada no apoio das massas populares. É preciso dar muita atenção tanto à segurança tradicional como à não tradicional e implementar um sistema de segurança nacional que integre elementos como a segurança nas áreas de política, território, economia, cultura, sociedade, ciência e tecnologia, informação, meio ambiente, recursos e área nuclear. É preciso dar importância tanto ao desenvolvimento como à segurança. O desenvolvimento é o fundamento da segurança, enquanto a segurança é uma condição prévia para o desenvolvimento. A China não só enfatiza sua própria segurança, mas também atribui grande importância à segurança comum do mundo para que se forme um mundo de futuro compartilhado e para que todas as partes avancem em prol do benefício, da reciprocidade e da segurança comum. É preciso aprimorar o sistema institucional da segurança nacional, reforçar a construção da capacidade de segurança nacional e defender firmemente a soberania, a segurança e os interesses do desenvolvimento do país.

十一、加快生态文明体制改革，建设美丽中国

XI. Acelerar a reforma institucional da ecocivilização e construir uma China bela

社会主义生态文明观

人与自然是生命共同体，人类必须尊重自然、顺应自然、保护自然。人类只有遵循自然规律才能有效防止在开发利用自然上走弯路，人类对大自然的伤害最终会伤及人类自身，这是无法抗拒的规律。中共十七大报告指出了生态文明的建设目标。中共十八大指出，社会主义生态文明必须尊重并保护自然，始终贯彻节约保护、自然恢复的方针。中共十九大报告提出建设生态文明是中华民族永续发展的千年大计。中国要建设的现代化是人与自然和谐共生的现代化，既要创造更多物质财富和精神财富以满足人民日益增长的美好生活需要，也要提供更多优质生态产品以满足人民日益增长的优美生态环境需要。必须坚持节约优先、保护优先、自然恢复为主的方针，形成节约资源和保护环境的空间格局、产业结构、生产方式、生活方式，还自然以宁静、和谐、美丽。坚持人与自然和谐共生，必须树立和践行绿水青山就是金山银山的理念，坚持节约资源和保护环境的基本国策，像对待生命一样对待生态环境，统筹山水林田湖草系统治理，实行最严格的生态环境保护制度，形成绿色发展方式和生活方式，坚定走生产发展、生活富裕、生态良好的文明发展道路，建设美丽中国，为人民创造良好生产生活环境，为全球生态安全作出贡献。

Conceito de ecocivilização socialista

O ser humano e a natureza formam, juntos, uma comunidade de vida. Por esse motivo, o ser humano deve respeitar a natureza, adaptar-se a ela e protegê-la. Só com o respeito às leis da natureza, o ser humano poderá evitar efetivamente os zigue-zagues na sua exploração e aproveitamento, pois os danos causados pelo ser humano à natureza prejudicarão, afinal, a ele mesmo. Esta é uma lei irresistível. O relatório do 17º Congresso Nacional do PCCh indicou as metas para a construção da ecocivilização. O relatório do 18º Congresso Nacional do PCCh assinalou que a ecocivilização socialista deve respeitar e proteger a natureza e observar sempre a diretriz da economia, proteção e recuperação dos recursos naturais. No relatório do 19º Congresso Nacional do PCCh, foi enfatizado que a construção da ecocivilização constitui um projeto milenar para o desenvolvimento perpétuo da nação chinesa. A modernização a ser construída pela China é uma modernização na qual o ser humano e a natureza coexistem harmoniosamente. Ela não criará apenas mais riquezas materiais e espirituais para satisfazer às crescentes demandas do povo por uma vida melhor, mas também oferecerá mais produtos ecológicos de qualidade para satisfazer suas necessidades cada vez maiores por um bom ambiente ecológico. É preciso persistir no princípio de priorizar a poupança e a proteção, e dar maior *status* à restauração natural do meio ambiente, bem como formar nossos espaços geográficos, estrutura industrial e modelo de produção e de vida que economizem os recursos naturais e protejam o meio ambiente, de modo a devolver à natureza sua tranquilidade, harmonia e beleza.

Para persistir na coexistência harmoniosa entre o homem e a natureza, é preciso cultivar e praticar o conceito de que águas limpas e montes verdes são montanhas de ouro e prata, persistir na política nacional fundamental relativa à economia dos recursos e à proteção ambiental e em cuidar do meio ambiente da mesma forma como se cuida da vida. É preciso coordenar a gestão e o tratamento sistemático das montanhas, águas, florestas, terras cultiváveis, lagos e pradarias, implementar um sistema mais rigoroso de proteção do meio ambiente e tornar verdes o modelo de desenvolvimento e o modo de vida. É preciso seguir com firmeza o caminho do desenvolvimento civilizado caracterizado pela produção desenvolvida, vida próspera e bom meio ambiente, construir uma China bela, criar um ambiente favorável à produção e à vida da população e contribuir para a segurança ecológica global.

生态文明体制改革

2012年11月，中共十八大提出，加快建立生态文明制度的战略部署；2013年11月，中共十八届三中全会提出，加快建立系统完整的生态文明制度体系；2014年10月，中共十八届四中全会要求，用严格的法律制度保护生态环境；2015年9月，中共中央、国务院联合发布《生态文明体制改革总体方案》，从空间开发保护、资源总量管理、生态补偿、环境治理体系、绩效考核等8个方面做出顶层设计。中共十九大进一步提出，加快生态文明体制改革，建设美丽中国。同时部署了推进绿色发展、着力解决突出环境问题、加大生态系统保护力度、改革生态环境监管体制4方面改革措施。中共十九大还强调，加强对生态文明建设的总体设计和组织领导，设立国有自然资源资产管理和自然生态监管机构，完善生态环境管理制度，统一行使全民所有自然资源资产所有者职责，统一行使所有国土空间用途管制和生态保护修复职责，统一行使监管城乡各类污染排放和行政执法职责。构建国土空间开发保护制度，完善主体功能区配套政策，建立以国家公园为主体的自然保护地体系。坚决制止和惩处破坏生态环境行为。

这些战略部署和重大举措，旨在从最棘手、最突出的生态环境问题入手，通过实施专项行动、建立配套政策法规、改革组织架构，提升生态环境领域国家治理体系和治理能力现代化水平。

Reforma institucional da ecocivilização

No 18º Congresso Nacional do PCCh, realizado em novembro de 2012, foi proposta a disposição estratégica de acelerar o estabelecimento do sistema de ecocivilização. Na 3ª sessão plenária do 18º Comitê Central do PCCh, realizado em novembro de 2013, foi solicitada a aceleração do estabelecimento sistemático e completo do sistema institucional da ecocivilização. Na 4ª sessão plenária do 18º Comitê Central do PCCh, realizado em outubro de 2014, exigiu-se a proteção do meio ambiente com um sistema jurídico rigoroso. Em setembro de 2015, o Comitê Central do PCCh e o Conselho de Estado lançaram em conjunto o Projeto Geral da Reforma Institucional da Ecocivilização, tendo feito um planejamento geral pelas instâncias superiores em oito aspectos, tais como: desenvolvimento e proteção dos espaços, gestão do volume total de recursos, compensação ambiental, sistema de tratamento do ambiente e avaliação de desempenho. No 19º Congresso Nacional do PCCh, foi proposta ainda a aceleração da reforma institucional da ecocivilização e a construção de uma China bela; ao mesmo tempo, foram traçadas quatro medidas de reforma, nomeadamente: impulsionar o desenvolvimento verde, se esforçar para resolver os problemas ambientais mais destacados, reforçar a proteção do ecossistema e reformar o sistema de administração e supervisão do ambiente ecológico. No mesmo congresso, foi ressaltada a necessidade dos seguintes aspectos: reforçar o planejamento geral, a organização e a liderança sobre a construção da ecocivilização; estabelecer as instituições de gestão de ativos de recursos naturais estatais e as de administração e supervisão de ecossistemas naturais; aperfeiçoar o sistema de gestão do ambiente ecológico; exercer de maneira unificada as atribuições do proprietário de ativos de recursos naturais de propriedade social, as atribuições pelo controle do uso dos espaços do território nacional e pela proteção e reabilitação ecológica; exercer as atribuições para controlar e supervisionar a emissão de poluentes de todos os tipos nas áreas urbanas e rurais e para executar operações administrativas concernentes; estabelecer um sistema de desenvolvimento e proteção dos espaços do território nacional e aprimorar as políticas complementares de zoneamento funcional; formar um sistema de reservas naturais que tenha os parques nacionais como prioridade; e impedir e punir resolutamente as ações destrutivas ao meio ambiente.

Essas disposições estratégicas e medidas pertinentes têm a finalidade de recorrer a operações especiais voltadas às questões mais espinhosas e destacadas, estabelecer políticas e regulamentos suplementares e efetuar a reforma na estrutura organizacional, de modo a elevar o nível da modernização do sistema e da capacidade de governança do Estado no aspecto do ambiente ecológico.

绿水青山就是金山银山

绿水青山就是金山银山，是时任浙江省委书记的习近平于2005年8月在浙江湖州安吉考察时提出的科学论断。中共十八大以来，他更是反复强调这一理念。比如，2013年在访问哈萨克斯坦时就提到："我们既要绿水青山，也要金山银山。宁要绿水青山，不要金山银山，而且绿水青山就是金山银山。""绿水青山就是金山银山"体现了以人为本的民生思想，遵循了人与自然和谐共生的规律性认识，生动形象表达了中国党和政府大力推进生态文明建设的鲜明态度和坚定决心。中共十九大报告进一步指出，必须坚持人与自然和谐共生，树立和践行绿水青山就是金山银山的理念，坚持节约资源和保护环境的基本国策。这一理念要求：深刻转变发展理念和发展方式，在生产生活中按照尊重自然、顺应自然、保护自然的原则，贯彻节约资源和保护环境的基本国策，把生态文明建设融入经济建设、政治建设、文化建设、社会建设各方面和全过程。

"Águas limpas e montanhas verdes são montes de ouro e prata"

Em agosto de 2005, quando inspecionava o distrito de Anji, do município de Huzhou, Xi Jinping, então secretário do Comitê Provincial do PCCh em Zhejiang, formulou pela primeira vez a ideia científica de que as "águas limpas e montanhas verdes são montes de ouro e prata". Desde o 18º Congresso Nacional do PCCh, ele enfatizou repetidas vezes essa ideia. Na visita ao Cazaquistão em 2013, ele disse: "Queremos tanto as águas limpas e montanhas verdes quanto os montes de ouro e prata, porém preferimos aquelas a estes. Além disso, águas limpas e montanhas verdes são exatamente montes de ouro e prata". A ideia reflete o pensamento de ter os interesses do povo acima de tudo e o respeito à lei da coexistência harmoniosa entre o homem e a natureza, demonstrando, de maneira vívida e concreta, a atitude inequívoca e a determinação firme do Partido e do governo da China para impulsionar o desenvolvimento da ecocivilização. O relatório do 19º Congresso Nacional do PCCh realçou mais a necessidade de persistir na coexistência harmoniosa entre o ser humano e a natureza, cultivar e praticar o conceito de que as águas limpas e os montes verdes são montanhas de ouro e prata e persistir na política nacional básica relativa à economia de recursos e à proteção ambiental. A ideia exige uma profunda transformação no conceito e no modelo de desenvolvimento, respeito e adaptação à natureza e sua proteção nas atividades de produção e no cotidiano da vida, aplicação das políticas fundamentais do país em relação à economia de recursos e à proteção do meio ambiente, assim como a inclusão dos esforços pela ecocivilização em todos os aspectos e em todo o processo da construção econômica, política, cultural e social.

绿色发展

作为“五大发展理念”之一，绿色发展注重的是解决人与自然和谐相处的问题。中共十九大报告指出，加快建立绿色生产和消费的法律制度和政策导向，建立健全绿色低碳循环发展的经济体系。构建市场导向的绿色技术创新体系，发展绿色金融，壮大节能环保产业、清洁生产产业、清洁能源产业。推进能源生产和消费革命，构建清洁低碳、安全高效的能源体系。推进资源全面节约和循环利用，实施国家节水行动，降低能耗、物耗，实现生产系统和生活系统循环链接。倡导简约适度、绿色低碳的生活方式，反对奢侈浪费和不合理消费，开展创建节约型机关、绿色家庭、绿色学校、绿色社区和绿色出行等行动。

Desenvolvimento verde

Sendo um dos "cinco conceitos de desenvolvimento", o desenvolvimento verde tem como objetivo resolver a questão da convivência harmoniosa entre o ser humano e a natureza. O relatório do 19º Congresso Nacional do PCCh enfatizou os seguintes aspectos: acelerar a implantação de um sistema jurídico e uma orientação política em relação à produção e consumo verdes; estabelecer e aprimorar um sistema econômico de desenvolvimento verde, circular e com baixa emissão de carbono; estabelecer um sistema de inovação das tecnologias ecológicas voltado para o mercado, desenvolver as finanças verdes e fortalecer as indústrias com economia de energia e proteção ambiental, com produção limpa e de energia limpa; impulsionar a revolução da produção e do consumo de energia e construir um sistema energético caracterizado pela limpeza, segurança, eficiência e baixa emissão de carbono; promover a poupança geral e a utilização circular dos recursos, pôr em prática a ação nacional de economia de água, reduzir o consumo de energia e materiais e realizar a interconexão circular entre os sistemas de produção e de vida; propor um modo de vida simples e modesto adequado, verde e de baixo carbono, combater a extravagância, desperdício e consumo irracional, desenvolver as iniciativas para criar órgãos que economizem os recursos e formar famílias, escolas e comunidades verdes, além de estimular modos verdes de deslocamento.

美丽中国

建设生态文明，关系人民福祉，关乎民族未来。中共十八大报告提出，努力建设美丽中国，实现中华民族永续发展。中共十九大报告进一步提出，加快生态文明体制改革，建设美丽中国。并且提出从2035年到本世纪中叶，在基本实现现代化的基础上，再奋斗十五年，把中国建成富强民主文明和谐美丽的社会主义现代化强国。建设美丽中国成为中国梦的重要内容。具体而言，就是要按照尊重自然、顺应自然、保护自然的原则，秉持"既要金山银山，又要绿水青山""绿水青山就是金山银山"的理念，贯彻节约资源和保护环境的基本国策，更加自觉地推动绿色发展、循环发展、低碳发展；就是要给自然留下更多修复空间，给农业留下更多良田，为子孙后代留下天蓝、地绿、水清的生产生活环境。中国梦的实现不以牺牲环境为代价，在发展经济的同时，保护好生态环境。建设美丽中国，有利于中国的长远发展，也将助推世界可持续发展，更有助于实现人类共同的梦想——保护美丽的地球。

China bela

A construção da civilização ecológica é uma questão relacionada com o bem-estar do povo e o futuro da nação. No relatório do 18º Congresso Nacional do PCCh, foi lançado o apelo à construção de uma China bela e à realização do desenvolvimento permanente da nação chinesa. No relatório do 19º Congresso Nacional do PCCh, foi realçado o aceleramento da reforma institucional da eco-civilização para construir uma China bela. Formulou-se ainda que, no período que começará em 2035 e se seguirá até meados deste século, lutaremos por 15 anos pela concretização básica da modernização, para transformar nosso país em um poderoso país socialista modernizado, próspero, democrático, civilizado, harmonioso e belo. A construção de uma China bela tornou-se parte importante do sonho chinês, ou seja, deve-se persistir no conceito de respeitar, se adaptar e proteger a natureza; persistir em "desejar tanto os montes de ouro e prata como as águas limpas e as montanhas verdes" e "as águas limpas e montanhas verdes têm o mesmo valor que os montes de ouro e prata"; observar as diretrizes de economizar os recursos e proteger o meio ambiente para promover mais conscientemente o desenvolvimento verde, circular e de baixa emissão de carbono; persistir em ampliar o espaço de recuperação da natureza, disponibilizar mais terras cultiváveis à agricultura e deixar um céu azul, as terras verdes e águas limpas para nossos descendentes. O sonho chinês não se realiza à custa do meio ambiente. É preciso protegê-lo bem no seu desenvolvimento econômico. A construção de uma China bela promove o desenvolvimento do país no longo prazo, fomenta o desenvolvimento sustentável do mundo e ajuda a realização do sonho comum de toda a humanidade, ou seja, proteger o belo planeta Terra.

污染防治攻坚战

污染问题既是发展问题，又是民生问题，关系到全面建成小康社会的成效。污染防治，是制约中国全面建成小康社会的重点难点问题。2017年7月，习近平在省部级主要领导干部专题研讨班上提出，突出抓重点、补短板、强弱项，特别是要坚决打好防范化解重大风险、精准扶贫、污染防治的攻坚战。中共十九大报告要求，坚持全民共治、源头防治，持续实施大气污染防治行动，打赢蓝天保卫战。加快水污染防治，实施流域环境和近岸海域综合治理。强化土壤污染管控和修复，加强农业面源污染防治，开展农村人居环境整治行动。加强固体废弃物和垃圾处置。提高污染排放标准，强化排污者责任，健全环保信用评价、信息强制性披露、严惩重罚等制度。构建政府为主导、企业为主体、社会组织和公众共同参与的环境治理体系。积极参与全球环境治理，落实减排承诺。

Batalha final na prevenção e tratamento da poluição

A poluição é uma questão ligada tanto ao desenvolvimento como à vida do povo e, ao mesmo tempo, afeta a realização da construção integral da sociedade moderadamente próspera. A prevenção e o tratamento da poluição são questões relevantes e difíceis que restringem a construção integral da sociedade moderadamente próspera. Em julho de 2017, durante um seminário temático, Xi Jinping expôs, perante os principais quadros dirigentes em nível provincial, a importância de focar nas prioridades, remediar as lacunas, fortalecer os pontos fracos e, particularmente, alcançar a vitória decisiva para prevenir e eliminar os grandes riscos, erradicar a pobreza de forma precisa, bem como prevenir e combater a poluição. No relatório do 19º Congresso Nacional do PCCh, foram propostas as seguintes demandas: persistir no tratamento conjunto por parte de todo o povo, na prevenção e no controle da poluição desde sua origem; continuar a executar as ações de prevenção e tratamento da poluição atmosférica para obter a vitória na batalha pela proteção do céu azul; acelerar a prevenção e o tratamento da poluição da água e tratar de maneira integral o ambiente das bacias hidrográficas e das áreas litorâneas; intensificar a gestão e o controle da poluição do solo e sua reabilitação, fortalecer a prevenção e o tratamento da poluição difusa de origem agrícola e realizar as ações de ordenamento do *habitat* rural; reforçar o tratamento dos resíduos sólidos e do lixo; elevar os critérios de controle de emissão de poluentes e responsabilizar os emissores, aprimorar os sistemas de avaliação da credibilidade da proteção ambiental, de transparência das informações e de punição severa; estabelecer um sistema de tratamento ambiental no qual o governo exerça a função preponderante, as empresas atuem como importantes agentes e as organizações sociais e o público participem conjuntamente; participar ativamente do tratamento ambiental mundial e honrar o nosso compromisso de reduzir as emissões.

蓝天保卫战

李克强总理在2017年政府工作报告中，明确提出了“坚决打好蓝天保卫战”的要求，提出了“2017年二氧化硫、氮氧化物排放量要分别下降3%，重点地区细颗粒物(PM2.5)浓度明显下降”的具体目标。为此，报告还提出了五方面举措：一要加快解决燃煤污染问题；二要全面推进污染源治理；三要强化机动车尾气治理；四要有效应对重污染天气；五要严格环境执法和督查问责。中共十九大报告进一步强调，坚持全民共治、源头防治，持续实施大气污染防治行动，打赢蓝天保卫战。2018年7月，国务院印发《打赢蓝天保卫战三年行动计划》，明确了大气污染防治工作的总体思路、基本目标、主要任务和保障措施，提出了打赢蓝天保卫战的时间表和路线图。即，经过3年努力，大幅减少主要大气污染物排放总量，协同减少温室气体排放，进一步明显降低细颗粒物（PM2.5）浓度，明显减少重污染天数，明显改善环境空气质量，明显增强人民的蓝天幸福感。到2020年，二氧化硫、氮氧化物排放总量分别比2015年下降15%以上；PM2.5未达标地级及以上城市浓度比2015年下降18%以上，地级及以上城市空气质量优良天数比率达到80%，重度及以上污染天数比率比2015年下降25%以上。

Batalha pela proteção do céu azul

No relatório de trabalho do governo de 2017, o primeiro-ministro Li Keqiang formulou uma meta clara de "vencer a batalha pela proteção do céu azul" com o objetivo concreto de "reduzir 3% do volume das emissões de dióxido de enxofre e de óxido de azoto e reduzir a densidade da partícula fina PM2,5 em regiões-chave em 2017". Para atingir tal meta, o relatório lançou medidas em cinco aspectos: primeiro, acelerar a solução do problema da poluição gerada pela queima do carvão; segundo, promover de forma integral o tratamento das origens da poluição; terceiro, reforçar o tratamento do gás dos automóveis; quarto, reagir de forma eficiente à poluição forte, quando ocorrer; quinto, executar de forma rigorosa tanto a fiscalização ambiental como a supervisão e a responsabilização. O relatório do 19º Congresso Nacional do PCCh ressaltou ainda a necessidade de persistir na participação de todo o povo na prevenção e controle da poluição desde sua origem e continuar a executar as ações de prevenção e tratamento da poluição atmosférica para vencer a batalha pela proteção do céu azul.

Em julho de 2018, o Conselho de Estado emitiu o Plano Trienal para Vencer a Batalha pela Proteção do Céu Azul, definindo claramente a ideia geral, as metas fundamentais, as tarefas principais e as medidas protetoras para os trabalhos de prevenção e tratamento da poluição atmosférica e formulando o cronograma e a rota para essa batalha, ou seja, com três anos de esforços será reduzido consideravelmente o volume total das emissões dos principais poluentes atmosféricos e, ao mesmo tempo, será diminuída a emissão de gases de efeito estufa. Também será reduzida a densidade da partícula fina PM2,5 com a redução no número de dias de poluição grave, haverá melhora notável da qualidade atmosférica ambiental e incremento visível no sentido de atender à demanda do povo pelo céu azul. Até 2020, o volume total das emissões de dióxido de enxofre e de óxido de azoto será reduzido em mais de 15% em relação ao de 2015, a densidade da partícula fina PM2,5 nas cidades de nível superior a regional será reduzida em mais de 18% em relação à de 2015, enquanto a porcentagem dos dias com boa qualidade do ar nas cidades de nível superior a regional atingirá 80% e a porcentagem dos dias com grande ou grave poluição baixará 25% em relação à 2015.

生态保护红线

生态保护红线，亦称生态红线，是指在自然生态服务功能、环境质量安全、自然资源利用等方面，需要实行严格保护的空间边界与管理限值，以维护国家和区域生态安全及经济社会可持续发展，保障人民群众健康。生态红线是国家生态安全的底线和生命线，这个红线不能突破，一旦突破后果必将危及生态安全、人民生产生活和国家可持续发展。中国政府正在通过精心研究和论证，确定究竟哪些要列入生态红线，如何从制度上保障生态红线，把良好生态系统尽可能保护起来。生态红线一旦确立，全国就要一体遵行，决不能逾越。

Linha vermelha de conservação ecológica

A linha vermelha de conservação ecológica, também conhecida como "linha vermelha ecológica", refere-se aos limites de espaço e gestão ambiental que devem ser observados estritamente nos serviços de ecossistemas, na segurança da qualidade ambiental e na exploração dos recursos naturais, a fim de proteger a segurança ecológica tanto em escala nacional como em escalas regionais, o desenvolvimento socioeconômico sustentável e a saúde do povo. A linha vermelha ecológica é essencial e vital para garantir a segurança ecológica da China. Não se deve ultrapassar essa linha vermelha, caso contrário estarão em perigo a segurança ecológica, a produção, as condições de vida do povo e o desenvolvimento sustentável do país. O governo chinês está realizando estudos acadêmicos e pesquisas detalhadas para determinar as zonas a serem delineadas com linha vermelha e proporcionar garantias institucionais, de modo a proteger ao máximo um ecossistema saudável. Uma vez estabelecida a linha vermelha, ela deverá ser observada em todo o país sem nenhuma exceção.

生态补偿制度

中共十八届三中全会《决定》提出实行生态补偿制度。生态补偿制度，是以防止生态环境破坏、增强和促进生态系统良性发展为目的，以从事对生态环境产生或可能产生影响的生产、经营、开发、利用者为对象，以生态环境整治及恢复为主要内容，以经济调节为手段，以法律为保障的新型环境管理制度。它可分为广义和狭义两种。广义包括对污染环境的补偿和对生态功能的补偿，狭义则专指对生态功能或生态价值的补偿。中国政府将坚持谁污染环境、谁破坏生态谁付费，以及谁受益谁补偿原则，完善重点生态功能区的生态补偿机制，推动地区间建立横向生态补偿制度。

Sistema de compensação ecológica

Por resolução da 3ª sessão plenária do 18º Comitê Central do PCCh, foi determinada a implementação do sistema de compensação ecológica. Trata-se de um novo sistema de gestão ambiental que tem como objetivo prevenir e combater a destruição do meio ambiente e melhorar e promover o desenvolvimento saudável dos ecossistemas. Ele tem como alvos os setores que atuam na exploração, produção e gestão dos recursos suscetíveis que geram ou podem gerar impactos negativos no meio ambiente, tem como conteúdo principal a prevenção e restauração do meio ambiente, tem como meio para tal a regulação econômica e tem as leis como garantia. O sistema de compensação ecológica é dividido em extensivo e estrito. O extensivo se refere à compensação pela poluição ambiental e prejuízo das funções ecológicas, enquanto o estrito se refere especificamente à compensação pelo prejuízo das funções ecológicas. O governo chinês segue o princípio de "paga quem tiver poluído e destruído o meio ambiente ou quem tiver sido beneficiado por isso", para aprimorar o mecanismo compensatório em zonas ecológicas de relevância e promover a formação de um sistema horizontal de compensação ecológica entre as regiões.

十二、坚持走中国特色强军之路，全面推进国防和军队现代化

XII. Seguir firmemente o caminho do fortalecimento das Forças Armadas e impulsionar de forma plena a modernização da defesa nacional e das Forças Armadas

国防和军队现代化

中共十九大报告提出，中国的国防和军队建设正站在新的历史起点上。面对国家安全环境的深刻变化，面对强国强军的时代要求，必须全面贯彻新时代党的强军思想，贯彻新形势下军事战略方针，建设强大的现代化陆军、海军、空军、火箭军和战略支援部队，打造坚强高效的战区联合作战指挥机构，构建中国特色现代作战体系，担当起党和人民赋予的新时代使命任务。国防和军队建设的阶段性目标是：确保到2020年基本实现机械化，信息化建设取得重大进展，战略能力有大的提升。同国家现代化进程相一致，全面推进军事理论现代化、军队组织形态现代化、军事人员现代化、武器装备现代化，力争到2035年基本实现国防和军队现代化，到本世纪中叶把人民军队全面建成世界一流军队。

Modernização da defesa nacional e das Forças Armadas

Segundo o relatório do 19º Congresso Nacional do PCCh, a construção da defesa nacional e das Forças Armadas encontra-se em um novo ponto de partida histórico. Perante as mudanças profundas do ambiente da segurança nacional e a demanda atual por fortalecer tanto o país quanto o Exército, é preciso pôr em prática, na sua totalidade o pensamento do Partido sobre o fortalecimento das Forças Armadas na nova era e aplicar as diretrizes estratégicas militares formuladas sob as novas circunstâncias a fim de construir poderosas e modernas forças terrestre, marítima, aérea, de foguetes e de apoio estratégico; forjar órgãos de comandos regionais, fortes e eficientes, para as operações conjuntas em situação de guerra e estabelecer um sistema de combate moderno com características chinesas, de modo a assumir a missão incumbida pelo Partido e pelo povo na nova era. As metas da construção da defesa nacional e do Exército são: garantir que até 2020 a mecanização seja concretizada basicamente, com grandes avanços na construção da informatização e com a elevação considerável da capacidade estratégica; em consonância com o processo de modernização do país, promover de forma integral a modernização das teorias militares, das formas organizacionais do Exército, do pessoal militar e dos armamentos, para que seja concretizada basicamente a modernização da defesa nacional e das Forças Armadas até 2035, e que até meados deste século o Exército Popular se transforme de modo integral em Forças Armadas de primeira categoria mundial.

新时代党的强军思想

建设一支强大的人民军队，必须有先进思想引领、科学理论指导。中共十八大以来，习近平作为党的领袖、军队统帅，着眼实现中国梦强军梦，作出一系列重大决策部署，创立了新时代党的强军思想，引领军队开启强军兴军新征程，推动军队面貌发生前所未有的历史性变化。中共十九大报告明确提出，确立新时代党的强军思想在国防和军队建设中的指导地位。这一思想主要包含以下内容：一是“建设一支听党指挥、能打胜仗、作风优良的人民军队”的强军目标；二是更加注重聚焦实战，更加注重创新驱动，更加注重体系建设，更加注重集约高效，更加注重军民融合等“五个更加注重”战略指导；三是永葆人民军队的本色初心；四是向深化国防和军队改革要动力；五是坚持向科技创新要战斗力；六是全面提升国防和军队建设的法治化水平；七是始终聚焦军队的主责主业；八是夯实强军兴军的人才支撑。

新时代党的强军思想，是习近平新时代中国特色社会主义思想的重要组成部分，深刻回答了新时代“人民军队听谁指挥、怎样铸牢军魂”“为什么强军、怎样强军”、“打什么仗、怎样打胜仗”等基本问题，丰富发展了中国共产党建军治军的思想和方针原则，指引着人民军队的强军新征程。

Pensamento do Partido sobre o fortalecimento das Forças Armadas na nova era

Para construir um Exército Popular poderoso, é indispensável ter o pensamento avançado como orientação e as teorias científicas como guia. Desde o 18º Congresso Nacional do PCCh, Xi Jinping, como líder do PCCh e comandante-geral das Forças Armadas, propôs uma série de decisões e importantes disposições em prol da concretização do sonho chinês e do fortalecimento das Forças Armadas, tendo formado o pensamento do Partido sobre tal fortalecimento na nova era para levar as Forças Armadas à nova marcha de fortalecimento e revitalização e às mudanças inéditas na fisionomia do Exército. O relatório do 19º Congresso Nacional do PCCh assinalou claramente que se deve determinar a posição diretiva do pensamento do Partido sobre o fortalecimento das Forças Armadas na construção da defesa nacional e do Exército na nova era. O pensamento inclui os seguintes aspectos: primeiro, fortalecer as Forças Armadas e construir um Exército Popular que obedeça ao comando do Partido, seja capaz de vencer e tenha um bom estilo; segundo, seguir a diretriz estratégica de dar "maior importância aos cinco aspectos", quer dizer, maior importância de focar no combate real, para o desenvolvimento impulsionado pela inovação, para a construção de sistemas concernentes, para o desenvolvimento intensivo e altamente eficaz e para a integração civil-militar; terceiro, manter de forma permanente a missão e a natureza do Exército; quarto, explorar a força motriz com o aprofundamento da reforma da defesa nacional e das Forças Armadas; quinto, explorar a força combativa com a inovação de ciências e tecnologias; sexto, elevar plenamente o nível da legalidade na construção da defesa nacional e das Forças Armadas; sétimo, se focar sempre as responsabilidades e tarefas principais das Forças Armadas; oitavo, consolidar o apoio aos talentos para o fortalecimento e revitalização das Forças Armadas.

O pensamento do Partido sobre o fortalecimento das Forças Armadas na nova era é parte importante do pensamento de Xi Jinping sobre o socialismo com características chinesas na nova era, respondendo de forma profunda às perguntas básicas, tais como: "a quem o Exército Popular obedece e como forjar e manter a alma do Exército", "por que e como fortalecer as Forças Armadas" e "quais combates se tem pela frente e como vencê-los" entre outras, enriquecendo e desenvolvendo o pensamento, diretrizes e princípios do PCCh sobre a construção e administração do Exército, além de indicar um novo caminho para o fortalecimento do Exército Popular.

党对军队绝对领导

中国共产党对军队实行绝对领导，是中国军事领导体制的鲜明特色和根本原则，是军队建设的根本原则和永远不变的军魂，是中国的基本军事制度和中国特色社会主义政治制度的重要组成部分，是党和国家的重要政治优势。建设一支听党指挥、能打胜仗、作风优良的人民军队，是实现“两个一百年”奋斗目标、实现中华民族伟大复兴的战略支撑。建军90多年来，人民军队从小到大、由弱到强、从胜利走向胜利，最根本的是靠党的坚强领导，这是人民军队的命脉所在。坚持党对军队绝对领导是强军兴军的根本保证。必须全面贯彻党领导人民军队的一系列根本原则和制度，确立新时代党的强军思想在国防和军队建设中的指导地位，坚持政治建军、改革强军、科技兴军、依法治军，更加注重聚焦实战，更加注重创新驱动，更加注重体系建设，更加注重集约高效，更加注重军民融合，实现党在新时代的强军目标。

Liderança absoluta do Partido sobre as Forças Armadas

A liderança absoluta do Partido sobre as Forças Armadas constitui uma característica evidente e um princípio fundamental do sistema diretivo militar da China, o princípio fundamental e a alma inalterável para a construção do Exército Popular, parte importante do sistema militar fundamental e do sistema político do socialismo com características chinesas e importante superioridade política do Partido e do Estado. Construir um Exército Popular que tenha um bom estilo, que obedeça ao comando do PCCh e que seja capaz de combater e vencer constitui um suporte estratégico para concretizar as metas fixadas para os "dois centenários" e a grande revitalização da nação chinesa. Nos 90 anos desde sua fundação, o Exército Popular desenvolveu-se de pequeno a grande, de fraco a forte e avançou de vitória em vitória. Tudo isso se deve à direção segura do Partido, que constitui a artéria vital do Exército. Persistir na liderança absoluta do Partido sobre o Exército é também a garantia fundamental para o fortalecimento militar. É preciso cumprir de forma integral uma série de princípios e sistemas fundamentais da liderança do Partido sobre o Exército Popular, definir a posição diretiva do pensamento do Partido sobre o fortalecimento das Forças Armadas na nova era para a construção da defesa nacional e do Exército. É preciso persistir na construção do Exército Popular mediante a política, no seu fortalecimento mediante a reforma, no seu desenvolvimento mediante a ciência e tecnologia e em sua administração conforme a lei. É preciso atribuir maior importância e atenção aos combates reais, ao desenvolvimento impulsionado pela inovação, à construção de sistemas concernentes, ao desenvolvimento intensivo e altamente eficaz e à integração civil-militar, a fim de concretizar o objetivo do Partido de fortalecimento das Forças Armadas na nova era.

政治建军

政治建军是中国人民解放军在创建之初就确立的建军治军基本原则，是解放军的最大特色和最大优势。政治建军的根本要求，就是要真正从思想上、政治上建设和掌握部队，确保部队建设正确方向，确保党对军队的绝对领导。2014年10月，习近平在全军政治工作会议上强调，加强和改进新形势下的军队政治工作，要做到以下四点：把理想信念在全军牢固立起来，把党性原则在全军牢固立起来，把战斗力标准在全军牢固立起来，把政治工作威信在全军牢固立起来。

Construção militar por meios políticos

A construção militar por meios políticos foi estabelecida como um princípio básico da construção e administração militar no início da fundação do Exército Popular de Libertação, sendo a maior característica e vantagem do Exército de Libertação. A exigência essencial da construção militar por meios políticos reside na construção e preponderância do Exército segundo os ideais e a política, assegurando a direção correta da construção militar e a liderança absoluta do Partido sobre as tropas. Em outubro de 2014, Xi Jinping destacou, na reunião dos trabalhos políticos de todo o Exército, que, para reforçar e melhorar os trabalhos políticos do Exército perante as novas circunstâncias é preciso cumprir as seguintes tarefas: estabelecer solidamente, no âmbito de todo o Exército, os ideais e crenças, os princípios do Partido, os padrões de combatividade e o prestígio dos trabalhos políticos.

新形势下军事战略方针

2015年5月，中国政府发布了《中国的军事战略》白皮书，提出了实行新形势下积极防御军事战略方针坚持的原则。这些原则是：服从服务于国家战略目标，贯彻总体国家安全观，加强军事斗争准备，预防危机、遏制战争、打赢战争；营造有利于国家和平发展的战略态势，坚持防御性国防政策，坚持政治、军事、经济、外交等领域斗争密切配合，积极应对国家可能面临的综合安全威胁；保持维权维稳平衡，统筹维权和维稳两个大局，维护国家领土主权和海洋权益，维护周边安全稳定；努力争取军事斗争战略主动，积极运筹谋划各方向各领域军事斗争，抓住机遇加快推进军队建设、改革和发展；运用灵活机动的战略战术，发挥联合作战整体效能，集中优势力量，综合运用战法手段；立足应对最复杂最困难情况，坚持底线思维，扎实做好各项准备工作，确保妥善应对、措置裕如；充分发挥人民军队特有的政治优势，坚持党对军队的绝对领导，重视战斗精神培育，严格部队组织纪律性，纯洁巩固部队，密切军政军民关系，鼓舞军心士气；发挥人民战争的整体威力，坚持把人民战争作为克敌制胜的重要法宝，拓展人民战争的内容和方式方法，推动战争动员以人力动员为主向以科技动员为主转变；积极拓展军事安全合作空间，深化与大国、周边、发展中国家的军事关系，促进建立地区安全和合作架构。

Diretriz estratégica militar sob o novo contexto

Em maio de 2015, o governo chinês divulgou o livro branco *Estratégia militar da China*, formulando os princípios que devem ser seguidos na implementação das diretrizes estratégicas militares para a defesa ativa no novo contexto. São os princípios: obedecer e servir às metas estratégicas do Estado, manter a visão holística sobre a segurança nacional; impulsionar os preparativos para os combates militares e prevenir, conter e vencer as guerras; criar condições estratégicas favoráveis ao desenvolvimento pacífico do país e persistir na política de defesa nacional de caráter defensivo e na coordenação estreita entre as lutas política, militar, econômica, diplomática etc., assim como enfrentar possíveis ameaças à segurança do país como um todo; manter o equilíbrio entre a defesa dos direitos e a manutenção da estabilidade, coordenando os dois aspectos num contexto global, salvaguardar a soberania territorial do país e defender os direitos e interesses sobre os mares e proteger a segurança e a estabilidade das regiões periféricas; procurar dominar a iniciativa estratégica de combate militar, planejar e estudar ativamente os combates militares em todos os aspectos e todas as áreas, aproveitar a oportunidade para acelerar a construção, reforma e desenvolvimento das Forças Armadas; aplicar estratégias e táticas de flexibilidade, desempenhar a eficiência integral de combates conjuntos, concentrar as forças de superioridade e utilizar de forma integrada as táticas e meios de guerra; considerar as situações mais complexas e difíceis que podem ser enfrentadas, persistir no conceito de princípios fundamentais e pôr em prática todos os preparativos para garantir uma solução adequada e fácil; desenvolver plenamente a superioridade política única do Exército Popular, persistir na liderança absoluta do PCCh sobre o Exército Popular, dar importância à formação do espírito de combate, intensificar a disciplina organizacional do Exército, manter e consolidar seu caráter puro, estreitar as relações entre o Exército, o governo e o povo e incentivar os soldados; desempenhar o poderio integral da guerra popular, persistir em considerar a guerra popular como um tesouro importante para vencer os inimigos nos combates, explorar mais o conteúdo, meios e metodologia da guerra e transformar o modo de mobilização dos recursos humanos no modo de mobilização de tecnologias e ciências quando de guerras; empenhar-se em encontrar espaços para cooperações na segurança militar, aprofundar as relações militares com países grandes, vizinhos e países em desenvolvimento para formar um quadro de segurança e cooperação regional.

改革强军战略

2015年11月24日，习近平在中央军委改革工作会议上提出全面实施改革强军战略，坚定不移走中国特色强军之路的要求。深化国防和军队改革，是实现中国梦强军梦的时代要求，是强军兴军的必由之路，也是决定军队未来的关键一招。改革的目标就是构建能够打赢信息化战争、有效履行使命任务的中国特色现代军事力量体系，使中国特色社会主义军事制度更加成熟、更加定型，为实现强军目标、建设世界一流军队打下更为扎实的前进基础。改革的成果标志，就是在领导管理体制、联合作战指挥体制改革上取得突破性进展，在优化规模结构和力量编成、完善政策制度、推动军民融合发展等方面的改革上取得重要成果。改革的六方面举措包括：一是形成军委管总、战区主战、军种主建的格局；二是构建严密的权力运行制约和监督体系；三是推动人民解放军由数量规模型向质量效能型转变；四是培育军队战斗力新的增长点；五是推动人才发展体制改革和政策创新；六是推动经济建设和国防建设融合发展。

Estratégia de reforma e fortalecimento das Forças Armadas

No dia 24 de novembro de 2015, Xi Jinping apresentou, na reunião de trabalho sobre a reforma realizada pela Comissão Militar Central, as diretrizes de implementação integral da estratégia de reforma e fortalecimento das Forças Armadas e a exigência de persistir inabalavelmente em seguir o caminho do fortalecimento das Forças Armadas com características chinesas. Aprofundar a reforma da defesa e do Exército constitui uma demanda histórica para realizar o sonho chinês, e o sonho de fortalecimento das Forças Armadas é uma via inevitável para reforçar e prosperar as Forças Armadas e, ao mesmo tempo, uma tarefa crucial para assegurar seu futuro. O objetivo da reforma reside em construir um sistema moderno de Forças Armadas com características chinesas que possa vencer as guerras informatizadas e exercer missões com alta eficiência para que o sistema militar do socialismo com características chinesas se torne mais maduro e mais padronizado, assentando bons alicerces para atingir o objetivo de fortalecer e construir um Exército de classe mundial.

Os resultados da reforma devem ser marcados por progressos evidentes na reforma tanto do sistema de direção e gestão como de comando das operações conjuntas, devendo conquistar efeitos importantes na otimização da estrutura e dimensão, na melhora do sistema de políticas e na promoção do desenvolvimento harmonioso entre as partes militar e civil. Para tal, são seis as principais iniciativas a serem tomadas: primeiro, formar um enquadramento no qual a Comissão Militar é a autoridade com liderança centralizada e os comandos regionais de operações são responsáveis por comandar operações, e os diversos Serviços Armados responsáveis pela construção das tropas; segundo, estabelecer um sistema estrito de execução, controle e supervisão do poder; terceiro, promover a transformação do Exército Popular de Libertação, mudando o foco de quantidade e dimensão para a qualidade e eficiência; quarto, cultivar novos pontos de crescimento na combatividade das Forças Armadas; quinto, impulsionar a reforma do sistema de desenvolvimento dos recursos humanos e a inovação das políticas; sexto, estimular o desenvolvimento harmonioso da construção econômica e da defesa nacional.

十三、坚持“一国两制”，推进祖国统一

XIII. Persistir no princípio “um país, dois sistemas” e promover a reunificação da pátria

“一国两制”

“一国两制”的基本内容是：在一个中国的前提下，国家的主体坚持社会主义制度；香港、澳门、台湾是中华人民共和国不可分离的部分，它们作为特别行政区保持原有的资本主义制度长期不变。在国际上代表中国的，只能是中华人民共和国。“一国两制”是中国的一个伟大创举，是中华民族为世界和平与发展作出的新贡献。香港、澳门回归祖国以来，“一国两制”实践取得举世公认的成功。事实证明，“一国两制”是解决历史遗留的香港、澳门问题的最佳方案，也是香港、澳门回归后保持长期繁荣稳定的最佳制度。继续推进“一国两制”事业，是中央政府、特别行政区政府和包括港澳同胞在内的全国各族人民的共同使命。中央贯彻“一国两制”方针坚持两点，一是坚定不移，不会变、不动摇；二是全面准确，确保“一国两制”在港澳的实践不走样、不变形，始终沿着正确方向前进。坚持“一国两制”和推进祖国统一基本方略，回答了新时代推动两岸关系和平发展、团结台湾同胞共同致力于实现民族伟大复兴和祖国和平统一的时代命题。当然，作为一项前无古人的开创性事业，“一国两制”的实践不会一帆风顺，需要在实践中不断探索。

"Um país, dois sistemas"

O princípio "um país, dois sistemas" fundamenta que, sob a precondição de uma só China, a parte continental do país persiste no sistema socialista e que Hong Kong, Macau e Taiwan são partes inseparáveis da República Popular da China que, como regiões administrativas especiais, mantêm inalterado o sistema capitalista existente. A República Popular da China é o único representante legítimo da China no âmbito internacional. O princípio "um país, dois sistemas" constitui uma grande causa sem precedentes da China e uma nova contribuição da nação chinesa para a paz e o desenvolvimento do mundo. Depois do retorno de Hong Kong e Macau à pátria, a prática do princípio "um país, dois sistemas" foi reconhecida no mundo inteiro. Os fatos comprovam que "um país, dois sistemas" foi a melhor opção para resolver as questões de Hong Kong e Macau legadas pela história e, ao mesmo tempo, o melhor sistema para manter a prosperidade e a estabilidade dessas duas regiões por um longo tempo. Continuar a promover a causa "um país, dois sistemas" é a missão comum tanto do governo central e dos governos das regiões administrativas especiais como do povo de todas as etnias do país, inclusive os compatriotas de Hong Kong e Macau. Para aplicar a diretriz "um país, dois sistemas", o governo central persiste na seguinte atitude: primeiro, ser firme, inalterável e inabalável e, segundo, ter visão holística e correta, para que a prática do princípio "um país, dois sistemas" não seja desviada nem alterada, ou seja, que o princípio seja cumprido sempre na direção correta. A estratégia fundamental de persistir no princípio "um país, dois sistemas" e promover a reunificação da pátria respondeu ao tema da época de promover o desenvolvimento pacífico das relações entre os dois lados do Estreito e unir os compatriotas de Taiwan para lutar conjuntamente pela concretização da grande revitalização da nação e da reunificação da pátria. É claro que como uma grande causa sem precedentes, a prática do princípio "um país, dois sistemas" não pode ser feita de vento em popa; por isso, é preciso estudá-lo e explorá-lo sempre por meio da prática.

“九二共识”

1992年10月底至12月初，中国大陆的民间团体——海峡两岸关系协会与台湾的民间团体——海峡交流基金会，经过多次磋商，最终形成了以口头方式表达的“海峡两岸均坚持一个中国的原则”的共识，为实现和推进两岸协商奠定政治基础，后被称为“九二共识”。其核心是“坚持一个中国”，精髓是求同存异。“九二共识”明确界定了两岸关系的根本性质，即大陆与台湾同属一个中国，两岸关系不是国与国关系，也不是“一中一台”。“九二共识”是两岸关系保持和平稳定和良性互动的基础，是确保两岸关系和平发展的关键。承认“九二共识”的历史事实，认同两岸同属一个中国，两岸双方就能开展对话，协商解决两岸同胞关心的问题，台湾任何政党和团体同大陆交往也不会存在障碍。2019年1月在《告台湾同胞书》发表40周年纪念会上，习近平发出郑重倡议，在坚持“九二共识”、反对“台独”的共同政治基础上，两岸各政党、各界别推举代表性人士，就两岸关系和民族未来开展广泛深入的民主协商，就推动两岸关系和平发展达成制度性安排。

"Consenso de 1992"

Entre o final de outubro e o início de dezembro de 1992, a Associação para as Relações entre os dois Lados do Estreito de Taiwan (Association for Relations Across the Taiwan Straits, em inglês), uma organização civil da parte continental da China, e a Fundação para os Intercâmbios através do Estreito de Taiwan (Straits Exchange Foundation, em inglês), uma organização civil de Taiwan, realizaram várias negociações e chegaram ao consenso verbalmente expresso de que "ambos os lados do Estreito persistem no princípio de uma só China", assentando a base política para realizar e promover as negociações entre os dois lados do Estreito, consenso posteriormente conhecido como "consenso de 1992". Tendo como núcleo "persistir no princípio de uma só China", o consenso tem como essência buscar pontos comuns e respeitar as divergências. O "consenso de 1992" define claramente a natureza das relações entre os dois lados do Estreito, isto é, a parte continental da China e Taiwan pertencem a uma só China; as relações entre os dois lados não são relações entre Estados e nem do tipo "uma China, uma Taiwan". O "consenso de 1992" se constitui na base para a manutenção pacífica e estável e para a interação positiva das relações entre os dois lados do Estreito, além de ser chave para garantir o desenvolvimento pacífico das relações entre eles. Só com o reconhecimento da realidade histórica do "consenso de 1992" e a persistência no princípio de "uma só China", ambos os lados do Estreito poderão promover diálogos para negociar a solução dos problemas de interesse comum dos compatriotas e serão removidos obstáculos para os intercâmbios a serem realizados entre qualquer partido e sociedade de Taiwan com a parte continental chinesa. Na conferência comemorativa realizada em janeiro de 2019, por ocasião do 40º aniversário da publicação da Mensagem aos Compatriotas de Taiwan, Xi Jinping propôs solenemente que, com base na atitude de se persistir no consenso de 1992 e combater todas as atividades secessionistas pela "independência de Taiwan", todos os partidos e personalidades representantes de todos os círculos sociais dos dois lados do Estreito podem realizar de maneira ampla e profunda as negociações democráticas sobre as relações entre os dois lados e sobre o futuro da nação, chegando a um arranjo institucional para promover o desenvolvimento pacífico das relações entre ambros.

“两岸一家亲”

两岸同胞是命运与共的骨肉兄弟，是血浓于水的一家人。习近平对台湾问题有深刻的理解，熟知台湾历史和两岸关系历程，也理解台湾同胞因其历史遭遇和社会环境所形成的特定心态，多次表达了愿与台湾同胞一起努力，化解台湾同胞的历史心结、共同把握现在、开创未来的真诚心愿。2013年10月6日，他在会见台湾两岸共同市场基金会荣誉董事长萧万长时提出，希望倡导“两岸一家亲”的理念，加强交流合作，共同促进中华民族伟大复兴。此后，他又多次强调和践行“两岸一家亲”理念。两岸同胞一家亲，根植于共同的血脉和精神，扎根于共同的历史和文化。习近平从血脉亲情、历史文化、民族复兴的角度提出“两岸一家亲”，指明了两岸同胞处理彼此关系的基本思路，有助于拉近两岸同胞的感情和心理距离，增进国家、民族、文化的共同认同，共圆中华民族伟大复兴的中国梦。在《告台湾同胞书》发表40周年纪念会上，习近平指出，台湾问题因民族弱乱而产生，必将随着民族复兴而终结。两岸同胞要携手同心，共圆中国梦，共担民族复兴的责任，共享民族复兴的荣耀。

"Os dois lados do Estreito pertencem a uma mesma família"

Os compatriotas dos dois lados do Estreito são irmãos consanguíneos que compartilham o mesmo destino e pertencem à mesma família. O sangue é mais denso que a água. Xi Jinping tem uma compreensão profunda sobre a questão de Taiwan e grande conhecimento sobre a história e as relações entre os dois lados do Estreito. Ele entende o estado de ânimo peculiar dos compatriotas taiwaneses formado por suas experiências históricas e ambiente social. Xi reiterou em várias ocasiões o desejo sincero de se esforçar conjuntamente com os compatriotas de Taiwan para remover o ressentimento histórico, ater-se ao presente e abrir o futuro. No encontro realizado no dia 6 de outubro de 2013, com Vincent Siew, presidente honorário da Fundação do Mercado Comum através do Estreito de Taiwan, ele declarou o desejo de promover o conceito de "os dois lados do Estreito pertencem a uma mesma família" e fortalecer a cooperação econômica entre ambos os lados do Estreito, a fim de promover juntamente a grande revitalização da nação chinesa. Desde então, ele enfatizou repetidas vezes a implementação desse conceito. Os compatriotas dos dois lados do Estreito têm relações de sangue e a sua afinidade está enraizada no seu espírito, história e cultura comuns. Xi Jinping formulou o conceito a partir dessa afinidade de sangue, história, cultura e da revitalização nacional, definindo as linhas fundamentais para tratar as relações entre os compatriotas de ambos os lados. O conceito ajuda a aproximar os dois lados, reduzir a distância psicológica e aumentar o senso de identidade estatal, nacional e cultural comuns para concretizar em conjunto o sonho chinês da grande revitalização da nação. Na conferência comemorativa realizada por ocasião do 40º aniversário da publicação da Mensagem aos Compatriotas de Taiwan, Xi Jinping assinalou que a questão de Taiwan se originou da fraqueza e confusão da nação, razão pela qual, ela será resolvida com sua revitalização. Os compatriotas dos dois lados do Estreito devem unir-se de mãos dadas, realizar juntos o sonho chinês, assumir juntos as missões da revitalização da nação e compartilhar a glória da revitalização nacional.

十四、坚持和平发展道路，推动构建人类命运共同体

XIV. Persistir no caminho do desenvolvimento pacífico e promover uma comunidade de futuro compartilhado pela humanidade

中国特色大国外交

中国共产党是为中国人民谋幸福的政党，也是为人类进步事业而奋斗的政党。中国共产党始终把为人类作出新的更大的贡献作为自己的使命。2014年11月，习近平在中央外事工作会议上指出，中国必须有自己的特色大国外交。中共十九大报告强调，中国特色大国外交要推动构建新型国际关系，推动构建人类命运共同体。为此，中国将高举和平、发展、合作、共赢的旗帜，在和平共处五项原则基础上发展同各国的友好合作，推动建设互相尊重、公平正义、合作共赢的新型国际关系；呼吁各国人民同心协力，构建人类命运共同体，建设持久和平、普遍安全、共同繁荣、开放包容、清洁美丽的世界；坚定奉行独立自主的和平外交政策，尊重各国人民自主选择发展道路的权利，维护国际公平正义；积极发展全球伙伴关系，扩大同各国的利益交汇点，加强各方面各领域的对外交流与合作；坚持对外开放的基本国策，坚持打开国门搞建设，推动建设开放型世界经济；秉持共商共建共享的全球治理观，积极参与全球治理体系改革和建设，不断贡献中国智慧和力量。

Diplomacia de um grande país com características chinesas

O PCCh é um partido político que busca a felicidade do povo chinês e luta pela causa do progresso humano. Sempre considerou como sua missão dar novas e maiores contribuições à humanidade. Xi Jinping formulou, na Conferência Central de Trabalhos com o Exterior realizada em novembro de 2014, que a China tem de ter uma diplomacia de um grande país com características próprias. O relatório do 19º Congresso Nacional do PCCh enfatizou que a diplomacia de grande país com características chinesas deve promover tanto o estabelecimento de um novo modelo de relações internacionais como a formação de uma comunidade de futuro compartilhado pela humanidade. Para isso, a China empenha-se em erguer no alto a bandeira da paz, desenvolvimento, cooperação e benefício mútuo, e em desenvolver a cooperação amistosa com todos os países com base nos cinco princípios de coexistência pacífica, além de impulsionar a construção de um novo tipo de relações internacionais com base no respeito mútuo, equidade, justiça, cooperação e relação ganha-ganha. O país apela aos povos de todos os países para que trabalhem num esforço conjunto para formar uma comunidade de futuro compartilhado pela humanidade e construir um mundo com paz duradoura, segurança universal, prosperidade comum, abertura e inclusão, e um mundo limpo e belo. A China sustenta firmemente a política diplomática pacífica de independência e autonomia, respeito aos direitos dos povos dos outros países pela escolha autônoma do seu caminho de desenvolvimento e defende a equidade e a justiça internacional. A China desenvolve de forma ativa a parceria global para aumentar a convergência de interesses com os outros países e fortalecer os intercâmbios e cooperações de todos os setores e todas as áreas com o exterior, persistir na política nacional básica de abertura ao exterior e na construção do país de portas abertas, bem como na construção de uma economia mundial de abertura. A China mantém uma visão de governança global de consulta mútua, construção conjunta e compartilhamento; participará ativamente da reforma e da construção do sistema da governança global e contribuirá, como sempre, com a sabedoria e a força chinesas.

构建人类命运共同体

世界正处于大发展大变革大调整时期，和平与发展仍然是时代主题。没有哪个国家能够独自应对人类面临的各种挑战，也没有哪个国家能够退回到自我封闭的孤岛。世界各国需要以负责任的精神同舟共济，共同维护和促进世界和平与发展。2013年3月23日，习近平在莫斯科国际关系学院演讲时，面向世界首次提出“命运共同体”理念。此后，他在不同场合对构建人类命运共同体进行了重要阐述，形成了科学完整、内涵丰富、意义深远的思想体系。其核心就是中共十九大报告所指出的，“建设持久和平、普遍安全、共同繁荣、开放包容、清洁美丽的世界”。也就是说，推动构建人类命运共同体，必须从政治、安全、经济、文化、生态等五个方面着力：政治上，相互尊重、平等协商，走对话而不对抗、结伴而不结盟的国与国交往新路；安全上，坚持以对话解决争端、以协商化解分歧，统筹应对传统安全和非传统安全威胁，反对一切形式的恐怖主义；经济上，同舟共济，促进贸易和投资自由化便利化，推动经济全球化朝着更加开放、包容、普惠、平衡、共赢的方向发展；文化上，尊重世界文明多样性，以文明交流超越文明隔阂、文明互鉴超越文明冲突、文明共存超越文明优越；生态上，坚持环境友好，合作应对气候变化，保护好人类赖以生存的地球家园。构建人类命运共同体思想是当代中国外交的重大创新成果，受到国际社会的高度评价和热烈响应，已被多次写入联合国文件，产生日益广泛而深远的国际影响。

Formar uma comunidade de futuro compartilhado pela humanidade

O mundo está passando por um período de grande desenvolvimento, transformação e ajuste, e a paz e o desenvolvimento continuam sendo temas principais da época. Nenhum país pode enfrentar sozinho todos os desafios que a humanidade enfrenta e nem pode retroceder para uma situação de xenofobia. Todos os países do mundo devem manter o espírito de responsabilidade e trabalhar juntos para defender e promover a paz e o desenvolvimento mundiais. No discurso proferido no Instituto Estatal de Relações Internacionais de Moscou, no dia 23 de março de 2013, Xi Jinping apresentou pela primeira vez ao mundo o conceito de "comunidade de futuro compartilhado". A partir de então, ele elucidou por várias vezes, em diferentes ocasiões, o conceito de comunidade de futuro compartilhado, tendo formado um sistema ideológico cientificamente completo, de conotação rica e de significado profundo. A essência da ideia segundo o relatório do 19º Congresso Nacional do PCCh é: todos trabalharem num esforço conjunto para formar uma comunidade de futuro compartilhado pela humanidade e para construir um mundo de paz duradoura, segurança universal, prosperidade comum, abertura e inclusão, e um mundo limpo e belo. Quer dizer, para formar uma comunidade de futuro compartilhado pela humanidade é preciso trabalhar em cinco aspectos, tais como política, segurança, economia, cultura e ecologia. Na área política, é preciso persistir no respeito mútuo e na negociação em pé de igualdade, abrir um novo caminho de intercâmbios entre os países que seja caracterizado pelo diálogo em vez da confrontação e pela parceria em vez do alinhamento; na área de segurança, é preciso persistir no diálogo para resolver as disputas e na negociação para conciliar as divergências, lidar de forma coordenada com as ameaças de segurança tradicional e não tradicional, e se opor a qualquer forma de terrorismo; na área da economia, é preciso promover juntos a liberalização e a facilitação do comércio e investimento e impulsionar o desenvolvimento da globalização econômica rumo a uma direção mais aberta, inclusiva, universalmente benéfica, equilibrada e de benefício mútuo; na área da cultura, é preciso respeitar a diversidade das civilizações no mundo, superar as barreiras entre elas por meio de intercâmbios, dos conflitos por meio do aprendizado mútuo, e a superioridade de uma sobre a outra por meio da coexistência; na área do meio ambiente, é preciso persistir na convivência amigável com o meio ambiente, cooperar para enfrentar as mudanças climáticas e proteger bem a Terra, o lar do ser humano. A ideia de formar uma comunidade de futuro compartilhado pela humanidade, como um importante resultado de inovação obtido na atual diplomacia chinesa, vem sendo altamente apreciada e vista positivamente pela sociedade internacional. Ela foi incluída por muitas vezes em documentos da ONU, exercendo influência cada dia maior na arena internacional.

新型国际关系

2013年3月，习近平在莫斯科国际关系学院演讲时提出，“各国应该共同推动建立以合作共赢为核心的新型国际关系”。当今世界正在发生深刻复杂的变化，和平、发展、合作、共赢的时代潮流更加强劲，但维护世界和平、促进共同发展，依然任重道远。今天的人类比以往任何时候都更有条件朝和平与发展的目标迈进，而合作共赢就是实现这一目标的现实途径。中国倡导建立合作共赢的新型国际关系，核心是维护联合国宪章的宗旨和原则，维护不干涉内政和尊重国家主权、独立、领土完整等国际关系基本准则，维护联合国及其安理会对世界和平承担的首要责任，开展对话和合作，实现双赢和共赢。构建以合作共赢为核心的新型国际关系，需要建立平等相待、互商互谅的伙伴关系，营造公道正义、共建共享的安全格局，谋求开放创新、包容互惠的发展前景，促进和而不同、兼收并蓄的文明交流，构筑尊崇自然、绿色发展的生态体系。构建新型国际关系，必须坚持和平发展，推进国际关系民主化和法治化，改革完善全球经济治理，建立新型全球发展伙伴关系，让发展成果公平惠及地球每个角落。

Novo tipo de relações internacionais

No discurso proferido no Instituto Estatal de Relações Internacionais de Moscou em março de 2013, Xi Jinping afirmou: "Todos os países devem promover juntos a introdução de um novo modelo de relações internacionais com núcleo na cooperação e benefícios mútuos". O mundo de hoje sofre grandes mudanças ao mesmo tempo que a corrente histórica da paz, desenvolvimento, cooperação e benefício mútuo se torna cada dia mais forte. Contudo, está longe o caminho para manter a paz mundial e promover o desenvolvimento comum. Atualmente, a humanidade tem mais condições do que nunca para alcançar o objetivo da paz e do desenvolvimento. Para isso, a cooperação com benefícios mútuos se constitui na maneira mais viável. A China propôs implementar um novo modelo de relações internacionais com cooperações e benefícios mútuos, tendo como núcleo continuar e desenvolver os propósitos e princípios da Carta das Nações Unidas, defender os princípios fundamentais das relações internacionais de não intervenção nos assuntos internos e respeito à soberania nacional, independência e integridade territorial dos outros, manter as responsabilidades primordiais das Nações Unidas e do seu Conselho de Segurança pela paz mundial, promover o diálogo e a cooperação para benefícios mútuos e comuns. Para estabelecer um novo modelo de relações internacionais com núcleo na cooperação e benefícios mútuos, é necessário estabelecer parcerias de igualdade, consulta e entendimento mútuo; criar estruturas de segurança justa e compartilhada; buscar um futuro caracterizado pelo desenvolvimento aberto e inovador, com inclusão e com benefícios recíprocos; promover intercâmbios entre diferentes culturas que compartilhem boas experiências entre si; e construir um modelo ambiental com respeito à natureza e desenvolvimento verde. Para estabelecer um novo modelo de relações internacionais, deve-se persistir no desenvolvimento pacífico, promover a democracia e o legalismo nas relações internacionais; reformar e aperfeiçoar a governança da ordem econômica mundial, implementar um novo tipo de parceria para o desenvolvimento global e permitir que todos sejam beneficiados de maneira justa pelos resultados do desenvolvimento.

"一带一路"倡议

"一带一路"是"丝绸之路经济带"和"21世纪海上丝绸之路"的简称。2013年9月和10月，习近平出访中亚和东南亚时，分别提出了与相关国家共同建设"丝绸之路经济带"和"21世纪海上丝绸之路"的倡议。该倡议主要涵盖东亚、东南亚、南亚、西亚、中亚和中东欧等国家和地区，以实现"政策沟通、设施联通、贸易畅通、资金融通、民心相通"为主要内容，以"共商、共建、共享"为原则，以"利益共同体、责任共同体、命运共同体"为目标,实实在在造福参与共建的国家和人民。"一带一路"倡议符合有关各方共同利益，顺应地区和全球合作潮流，得到了共建国家的积极响应。截至2018年年底，中国已与106个国家和29个国际组织签署了超过150份共建"一带一路"协议，签署范围自亚欧大陆拓展至非洲、拉美和加勒比地区、南太平洋地区；同30多个国家开展机制化产能合作，推动形成了以"一带一路"为引领的对外开放新格局。"一带一路"倡议已被写入联合国大会、安理会等重要决议，联合国安理会通过的第2344号决议，呼吁国际社会通过"一带一路"建设加强区域经济合作。

Iniciativa "Cinturão e Rota"

"Cinturão e Rota" é a forma abreviada para se referir ao Cinturão Econômico da Rota da Seda e à Rota da Seda Marítima do Século XXI. Em setembro e outubro de 2013, durante sua visita à Ásia central e ao Sudeste asiático respectivamente, Xi Jinping lançou a iniciativa para a construção conjunta com os países concernentes do "Cinturão Econômico da Rota da Seda" e da "Rota da Seda Marítima do Século XXI". A iniciativa abrange principalmente os países e regiões da Ásia oriental, Sudeste asiático, Ásia meridional, Ásia ocidental, Ásia central e a Europa central e oriental, tendo como conteúdo principal "a coordenação de políticas, conectividade das infraestruturas, fluxo livre de comércio, integração financeira e entendimentos entre os povos". Tem como princípio "consulta, construção e compartilhamento conjunto", tem como objetivo a formação de uma comunidade de interesse, responsabilidade e de futuro compartilhado a fim de beneficiar efetivamente os países e os povos participantes dessa iniciativa. A construção do "Cinturão e Rota" corresponde aos interesses de todas as partes e atende à corrente da cooperação regional e global, tendo obtido respostas positivas dos países concernentes. Até fins de 2018, a China já tinha assinado mais de 150 acordos para a construção do "Cinturão e Rota" com 106 países e 29 organizações internacionais, cobrindo a Ásia, Europa, África, América Latina, Caribe e sul do Pacífico. Foram ainda desenvolvidos projetos de cooperação institucionalizada de capacidades de produção com mais de 30 países, promovendo a formação de um novo panorama de abertura ao exterior orientado pela iniciativa "Cinturão e Rota". Itens da iniciativa foram até mesmo incluídos nas resoluções relevantes da Assembleia Geral da ONU e do seu Conselho de Segurança. A resolução nº 2.344 aprovada pelo Conselho de Segurança da ONU apelou à sociedade internacional para fortalecer a cooperação econômica regional por meio da iniciativa "Cinturão e Rota".

亚洲基础设施投资银行

2013 年 10 月，习近平提出了筹建亚洲基础设施投资银行（简称“亚投行”）的倡议。在历经800 余天筹备后，由中国倡议成立、57 国共同筹建的亚投行于 2015 年 12 月 25 日在北京宣告成立。2016 年 1 月 16 日，亚投行举行了开业仪式。亚投行是一个政府间性质的区域多边开发机构，重点支持基础设施建设，这是首个由中国倡议设立的多边金融机构。截止到 2019年 1月，共有 93 个成员，总成员数仅次于世界银行，涵盖了联合国安理会常任理事国和二十国集团中的绝大多数成员国。几年来，亚投行以基础设施互联互通项目为重点，累计批准贷款75亿美元，覆盖东亚、东南亚、南亚、中亚、西亚、非洲等6个地区13个国家，撬动其他投资近400亿美元进入相关基础设施投资项目。亚投行作为多边开发银行有其单独的业务标准，“一带一路”共建国家都可以获得亚投行的贷款，但必须满足三个条件：一是金融可持续发展，二是项目要环保，三是项目受到该地区民众的欢迎。亚投行初期投资的重点领域包括能源与电力、交通和电信、农村和农业基础设施、供水与污水处理、环境保护、城市发展以及物流等。

Banco Asiático de Investimento em Infraestruturas

Em outubro de 2013, Xi Jinping propôs a fundação do Banco Asiático de Investimento em Infraestruturas (BAII). Dia 25 de dezembro de 2015, depois de mais de 800 dias de preparativos, fundou-se oficialmente o BAII, uma iniciativa chinesa composta por 57 países-membros fundadores. A cerimônia inaugural de funcionamento foi realizada em 16 de janeiro de 2016. Como primeira instituição financeira multilateral e intergovernamental de desenvolvimento e um organismo financeiro multilateral proposto pela China, o BAII dedica-se principalmente à construção de infraestruturas. Até janeiro de 2019, o BAII já tinha 93 membros. Com quase todos os membros permanentes do Conselho de Segurança da ONU e do G 20, o BAII está apenas atrás do Banco Mundial em número de membros. Nos últimos anos, tendo como prioridade projetos de construção de infraestruturas, interligação e interconexão, foi autorizado um total de US$ 7,5 bilhões em investimentos para 13 países das seis regiões do mundo, tais como Ásia oriental, Sudeste asiático, Ásia meridional, Ásia central, Ásia ocidental e África, além de terem sido planejados outros US$ 40 bilhões de investimentos para os projetos de construção de infraestruturas. Como um banco de desenvolvimento multilateral, o BAII estabeleceu seus próprios critérios, quer dizer, os países situados ao longo do "Cinturão e Rota" podem adquirir empréstimos do banco, mas só quando satisfizerem as seguintes condições: (1) desenvolvimento financeiro sustentável; (2) projetos que levem em consideração a proteção do meio ambiente; (3) projetos com boa recepção dos povos locais. O banco priorizou seus primeiros investimentos nas áreas de energia e eletricidade, transporte e telecomunicações, zonas rurais e infraestruturas agrícolas, abastecimento de água e tratamento de água poluída, proteção ambiental, desenvolvimento urbano e logística.

丝路基金

2014年11月8日，习近平宣布，中国将出资400 亿美元成立丝路基金。2014年12月29日，丝路基金有限责任公司在北京注册成立。丝路基金秉承“开放包容、互利共赢”理念，是中长期开发投资基金，重点为“一带一路”共建国家基础设施建设、资源开发、产业合作等有关项目提供投融资支持。它在现行国际经济金融秩序下运行，同其他全球和区域多边开发银行的关系是相互补充而不是相互替代的。丝路基金绝非简单的经济援助，而是通过互联互通为相关国家创造新的重大发展机遇。丝路基金是开放的，欢迎亚洲域内外的投资者积极参与。

Fundo da Rota da Seda

No dia 8 de novembro de 2014, Xi Jinping declarou que a China iria fazer um aporte de US$ 40 bilhões para criar o Fundo da Rota da Seda. No dia 29 de dezembro de 2014, foi fundado e inscrito em Beijing o Fundo da Rota da Seda. Observando o conceito de "abertura, inclusão e benefícios mútuos", o Fundo se destina a investimentos e desenvolvimento de médio e longo prazos e visa dar suporte financeiro aos projetos de construção de infraestruturas, exploração de recursos e cooperação industrial nos países participantes do "Cinturão e Rota". O Fundo funciona sob a ordem econômica e financeira internacional vigente e atua de maneira complementar a outros bancos de desenvolvimento multilaterais mundiais e regionais, em vez de substituí-los. O Fundo da Rota da Seda, não oferece apenas ajuda econômica, mas cria oportunidades de grande desenvolvimento para todos por meio da interligação e da interconexão. O Fundo é aberto para os investidores de dentro e fora da Ásia.

全球伙伴关系

中共十九大报告强调，中国积极发展全球伙伴关系，扩大同各国的利益交汇点，推进大国协调和合作，构建总体稳定、均衡发展的大国关系框架，按照亲诚惠容理念和与邻为善、以邻为伴周边外交方针深化同周边国家关系，秉持正确义利观和真实亲诚理念加强同发展中国家团结合作。加强同各国政党和政治组织的交流合作，推进人大、政协、军队、地方、人民团体等的对外交往。近年来，中国积极构建对话而不对抗、结伴而不结盟的全球伙伴关系网络，全球“朋友圈”不断扩展。截至2016年底，中国已经同97个国家和国际组织建立了不同形式的伙伴关系，实现全球覆盖。

Parceria global

Segundo o relatório do 19º Congresso Nacional do PCCh, a China desenvolve de forma ativa a parceria global para aumentar a convergência de interesses com os outros países e promove a coordenação e a cooperação com os grandes países para estabelecer uma estrutura de relações estáveis e com desenvolvimento equilibrado entre grandes países; aprofunda as relações com os países vizinhos conforme o conceito de fraternidade, sinceridade, reciprocidade e inclusão e o princípio de tratar os vizinhos como amigos e parceiros, além de reforçar a união e a cooperação com os países em desenvolvimento com base nos valores corretos de justiça e de benefícios e no conceito de sinceridade, efetividade, afinidade e boa-fé; aumenta os intercâmbios e as cooperações com os partidos e organizações políticas de outros países, estimulando os intercâmbios das assembleias populares, comitês da Conferência Consultiva Política, Forças Armadas, regiões, localidades e associações populares com o exterior. Nos últimos anos, a China tem formado uma rede de parceria global caracterizada pelo diálogo em vez da confrontação e pela parceria em vez de alianças, tendo ampliado o "círculo de países amigos". Até o final de 2016, a China já havia estabelecido relações de parceria de diversas formas com 97 países e organizações internacionais, cobrindo todo o mundo.

正确义利观

中共十八大以来，习近平多次强调在外交工作中要坚持正确义利观。义，反映的是一个理念。中国希望全世界共同发展，特别是希望广大发展中国家加快发展。利，就是要恪守互利共赢原则，不搞我赢你输，而是实现双赢甚至多赢。中国有义务对贫穷的国家给予力所能及的帮助，有时甚至要重义轻利、舍利取义，绝不能惟利是图、斤斤计较。树立和贯彻正确义利观，就是有原则、讲情义、讲道义，见利思义、义利兼得，甚至必要时舍利取义。正确义利观体现了中华民族传统美德和中国外交优良品格，进一步丰富了中国外交的价值观，得到国际社会特别是广大发展中国家的普遍赞誉，成为中国软实力的独特标志。

Valores corretos de justiça e interesses

Desde o 18º Congresso Nacional do PCCh, Xi Jinping tem enfatizado, por diversas vezes, que é preciso persistir nos valores corretos de justiça e interesses nos trabalhos diplomáticos. A justiça é um dos princípios pelo qual a China espera que todo o mundo se desenvolva em conjunto e espera especialmente que os países em desenvolvimento acelerem o ritmo do seu desenvolvimento. No tocante aos interesses, é preciso respeitar os princípios de benefício mútuo entre todos, contrariamente à ideia de "eu ganho e você perde". A China tem a obrigação de ajudar os países pobres dentro de seu alcance. Em certos casos, deve até mesmo colocar os princípios de justiça acima dos seus interesses e sacrificá-los em busca da justiça. Não devemos pensar apenas nos nossos próprios interesses, não podemos negociar com os outros e explorá-los. Estabelecer e observar os valores corretos de justiça e interesses significa persistir nos princípios, amizade, justiça, dever e benefícios, até mesmo sacrificando os próprios interesses em busca da justiça. Os valores corretos de justiça e interesses representam virtudes tradicionais da nação chinesa e da boa qualidade da diplomacia chinesa e vêm enriquecendo o conceito de valores da sua diplomacia, sendo por isso apreciados pela sociedade internacional, nomeadamente pelos países em desenvolvimento, tornando-se um símbolo extraordinário do poder brando da China.

真、实、亲、诚理念

2013年3月，习近平在达累斯萨拉姆发表演讲时，全面阐述了中非关系以及中国对非政策主张：第一，对待非洲朋友，讲一个“真”字，始终把发展同非洲国家的团结合作作为中国对外政策的重要基础。第二，开展对非合作，讲一个“实”字，只要是中方作出的承诺，就一定会不折不扣落到实处。第三，加强中非友好，讲一个“亲”字，中非人民有着天然的亲近感，理应更加重视中非人文交流，积极推动青年交流，使中非友好事业后继有人。第四，解决合作中的问题，讲一个“诚”字，中方坦诚面对中非关系面临的新情况新问题，本着相互尊重、合作共赢的精神加以妥善解决。真实亲诚理念已经成为中国与非洲国家等所有发展中国家加强团结合作时坚持的重要理念。

Conceito de sinceridade, efetividade, afinidade e boa-fé

Em março de 2013, em discurso proferido em Dar es Salaam, na Tanzânia, Xi Jinping fez uma exposição completa sobre as relações sino-africanas e as seguintes propostas e diretrizes da China para com a África: (1) a China persiste na sinceridade e sempre considerou a cooperação com os países africanos um pilar fundamental da sua política externa; (2) a China persiste na efetividade da sua cooperação com a África, tendo cumprido sem nenhuma reserva todos os compromissos assumidos com ela; (3) a China persiste na afinidade, com os povos da China e da África possuindo uma afinidade natural e, portanto, devem dar maior ênfase ao intercâmbio cultural, especialmente entre os jovens, para que a amizade seja transmitida para as próximas gerações; (4) a China persiste na boa-fé, enfrenta de maneira correta e franca as novas situações e os novos problemas oriundos das relações com o continente, procurando resolvê-los com base no respeito recíproco e no espírito de cooperação com benefícios mútuos. O conceito de sinceridade, efetividade, afinidade e boa-fé tornou-se um importante conceito defendido pela China para fortalecer a unidade e a cooperação com os países africanos e todos os outros países em desenvolvimento.

亲、诚、惠、容的理念

2013年10月24日，习近平在周边外交工作座谈会上强调，中国周边外交的基本方针，就是坚持与邻为善、以邻为伴，坚持睦邻、安邻、富邻，突出体现亲、诚、惠、容的理念。亲是指巩固地缘相近、人缘相亲的友好情谊，坚持睦邻友好、守望相助，讲平等、重感情，常见面、多走动，多做得人心、暖人心的事，使周边国家对中国更友善、更亲近、更认同、更支持，增强亲和力、感召力、影响力。诚是指坚持以诚待人、以信取人的相处之道，诚心诚意对待周边国家，争取更多朋友和伙伴。惠是指履行惠及周边、互利共赢的合作理念，本着互惠互利的原则同周边国家开展合作，编织更加紧密的共同利益网络，把双方利益融合提升到更高水平，让周边国家得益于中国发展，使中国也从周边国家共同发展中获得裨益和助力。容是指展示开放包容、求同存异的大国胸怀，倡导包容的思想，强调亚太之大容得下大家共同发展，应以更加开放的胸襟和更加积极的态度促进地区合作。亲、诚、惠、容这“四字箴言”，是新形势下中国坚持走和平发展道路的一份生动宣言，是对多年来中国周边外交实践的一个精辟概括，反映了中国新一届中央领导集体外交理念的创新发展。

Conceito de fraternidade, sinceridade, reciprocidade e inclusão

Num simpósio sobre a diplomacia com os países vizinhos, realizado em 24 de outubro de 2013, Xi Jinping salientou que a orientação fundamental da diplomacia chinesa para os países vizinhos consiste em procurar o bem e a parceria com seus vizinhos e persistir na manutenção da amizade, estabilidade e prosperidade com eles, enfatizando os conceitos de fraternidade, sinceridade, reciprocidade e inclusão. Fraternidade significa consolidar a amizade com os geograficamente próximos e com laços estreitos entre seus povos, persistir na boa vizinhança e no apoio mútuo, valorizar a igualdade e os sentimentos e manter encontros e retribuir visitas, de modo que os países vizinhos se tratem com amizade, afeto, respeito e apoio, aumentando assim a aproximação, atração e influência. Sinceridade significa tratar os países vizinhos com plena honestidade a fim de ter mais amigos e parceiros. Reciprocidade significa cooperar com os países vizinhos segundo o princípio de benefício recíproco e mútuo e estruturar uma rede mais íntima de interesses comuns para que os países vizinhos se beneficiem do desenvolvimento da China e vice-versa. Inclusão significa ter uma postura de grande país caracterizada pela abertura e inclusão, mantendo os pontos de vista comuns, respeitando as divergências e idealizando o conceito de que a região da Ásia-Pacífico é muito grande e que, por isso, pode abarcar o desenvolvimento comum de todos para promover ativamente a cooperação regional. Os quatro termos – fraternidade, sinceridade, reciprocidade e inclusão – constituem uma vívida declaração da China de persistir no seu caminho de desenvolvimento pacífico, uma síntese concisa da prática dos trabalhos diplomáticos do país com os países vizinhos, revelando o desenvolvimento inovador do conceito de diplomacia observado pela nova liderança coletiva chinesa.

全球治理观

2014年6月28日，习近平在和平共处五项原则发表60周年纪念大会上的讲话中提出，适应国际力量对比新变化，推进全球治理体系改革。随着全球性挑战增多，加强全球治理、推进全球治理体制变革已是大势所趋。全球治理体系是由全球共建共享的，不可能由哪一个国家独自掌握，全球治理结构如何完善应该由各国共同来决定。中国是现行国际体系的参与者、建设者、贡献者，是国际合作的倡导者和国际多边主义的积极参与者，理应参与全球治理体系改革和建设。中国将秉持共商共建共享的全球治理观，倡导国际关系民主化，坚持国家不分大小、强弱、贫富一律平等，支持联合国发挥积极作用。坚持从国情出发，坚持权利和义务相平衡，坚持发展中国家定位，把维护中国利益同维护广大发展中国家共同利益结合起来，支持扩大发展中国家在国际事务中的代表性和发言权。继续发挥负责任大国作用，发掘中华文化中积极的处世之道和治理理念同当今时代的共鸣点，推动全球治理理念创新发展，为完善全球治理不断贡献中国智慧、中国力量。

Visão sobre a governança global

Na conferência realizada em 28 de junho de 2014 por ocasião do 60º aniversário da publicação dos Cinco Princípios de Coexistência Pacífica, Xi Jinping assinalou que é preciso adaptar-se às mudanças no quadro das forças internacionais e promover a reforma do sistema de governança global. Com os desafios globais cada dia mais crescentes, torna-se uma tendência inevitável reforçar a governança global e promover a transformação do sistema de governança global. Estruturado e compartilhado por todos, o sistema de governança global não pode ser dominado por um único país. O aperfeiçoamento da estrutura da governança global deve ser decidido de maneira conjunta por todos os países. A China participa e contribui para a construção do sistema internacional atual. A China é proponente de cooperações internacionais e participante ativa do multilateralismo internacional, razão pela qual ela deve participar da reforma e construção do sistema de governança global. A China mantém uma visão de governança global de consulta, construção e compartilhamento conjuntos, defende a democratização das relações internacionais, persiste no princípio de igualdade entre os países, não importando quão grandes ou pequenos, fortes ou fracos e ricos ou pobres, além de apoiar as Nações Unidas a desempenhar um papel positivo. A China persiste em atuar segundo suas realidades, persiste no equilíbrio entre seus direitos e obrigações e persiste no posicionamento dos países em desenvolvimento, integrando a defesa dos interesses chineses e os interesses comuns dos países em desenvolvimento, e apoiando os países em desenvolvimento a ampliarem a representatividade e o direito à palavra nos assuntos internacionais. A China continua a desempenhar seu papel como grande país responsável, explorando ativamente as virtudes e conceitos da governança acumulados na sua cultura que atendam à época atual, além de promover o novo desenvolvimento inovador do conceito de governança global, o que contribui para o efeito, a sabedoria e a força chinesas.

Este livro foi impresso nas oficinas gráficas da Editora Vozes Ltda.,
Rua Frei Luís, 100 – Petrópolis, RJ.